年金・資産運用・相続の基礎知識

老後破産しないためのお金の教科書

塚崎公義
Kimiyoshi Tsukasaki

東洋経済新報社

はじめに

世の中には、老後の不安を煽る本や雑誌が溢れています。「老後は1億円必要だ」などと言われれば、多くの人が不安になるでしょう。

もちろん、老後は長いですし、何が起きるかわかりませんから、能天気に安心しているわけにはいきませんが、かと言って、いたずらに不安に怯えていても仕方ありません。

まずは状況を冷静に把握しましょう。最も起こりそうなシナリオだと自分の老後はどうなるのか。悪いシナリオだと、どのようなリスクがあるのか。そして、そのリスクにどのように備えるべきか。

悪い出来事を想像して怯えていても何もいいことはありません。困った事態を予測し、それが起きないように努力すること、それが起きたときに困らないように備えることが重要です。

本書の基本的スタンスは、儲けるための攻めの運用ではなく、リスクを避ける守りの運用です。「虎穴に入らずんば虎子を得ず」というように、儲けようと思えば、リスクは避けられません。豊かさを目指すのではなく、「長生きをして、その間にインフレが来ても、生活資金が底を突かない」ことを目指そうというわけです。老後の安心を何より大切に考えるのです。

1990年頃にバブルが崩壊して以降、日本経済は長期にわたって低迷していました。経済の低迷は、現役世代にとっても高齢者にとっても由々しきことでありましたが、高齢者にとって、ひとつだけよかったことは、物価が安定していたことです。何も考えずに老後の資金を銀行に預金しているだけでよかったのです。

それが、アベノミクスにより日銀が年率2％のインフレを目指すようになり、「老後の資金を預金に置いておくとインフレで目減りする」と言われるようになりました。一方で、株価と米ドル（および多くの外貨）は値上がりしたので、「投資をしないと」と考える人が増えました。投資の初心者が、金融機関に言われるがままに投資をするのは危険ですが、「預金には、インフレによる目減りの危険がありますよ。株や外貨は値上がりしていますよ。今が投資のチャンスですよ」などと言われると、あわてて投資をしてしまう人も多いようです。

そうした状況下、筆者は「淡々と少しずつ投資をし続けることの重要性」を説くことが必要だと考えました。そこで、資産運用の初心者のためのマニュアルを作ることにしたのです。

日本人は、学校では投資に関する教育をほとんど（あるいはまったく）受けません。学校は「清く、正しく、美しく」を教えるところで、「がめつく金儲けを狙う投資」などというものを教えるべきではないということなのでしょうか。まあ、教えようとしても、教師の側に投資の知識や経験が乏しいでしょうから、難しいのでしょうが。

会社に入ってからも、自分の資産の運用などについては誰も教えてくれないので、自分で学んだ人以外は投資や資産運用の初心者です。銀行員でさえも、融資等のプロではあっても自分の資産は運用できていない人が少なくありません。

そこで本書は、主な読者層として投資や資産運用に不慣れな人を念頭に置き、「難しいことを考えずに、書かれてあるとおりに行動すれば老後のリスクが減らせる」という守りのマニュアルを目指しました。したがって、不慣れな人でも、まずはマニュアルどおりにやってみればなんとかなります。もちろん、マニュアルどおりではつまらない人もいるでしょうから、そういう人のためには初心者が気を付けるべきことや、知っておくべき投資関連の基礎知識なども記しておきました。

本書は、基本的には定年前後のサラリーマンを念頭において書かれたものですが、老後資金の運用の基本的な考え方は自営業者や若手サラリーマンなどにも共通するところが多いはずです。そこで、自営業者なども読者として想定し、自営業者などにとって必要な知識や留意点なども記すことにしました。自営業者は個々人の差が大きいので、各自にぴったり合ったモデルケースを提示することは困難ですが、お読みいただければ参考になる点は多いと思います。

本書の構成は、以下のとおりです。

第1章では、老後資金を考える際の心がまえを示しました。儲けようとするよりもリスクを避けるべきこと、金融機関などに勧められても自分で納得してから決めること、リスク軽減のために分散投資などを心がけること、資産運用とあわせて生活を見直すこと、詐欺に注意することなどを記したほか、「老後は1億円必要」と言われても過度な心配は無用であることを記しました。

第2章では、公的年金について記しました。老後の生活を支える最も重要な収入であるにもかかわらず、基本的な仕組みさえ理解していない人が多いのが実情ですから、基本的な事柄から説明しました。続いて、年金の受け取り開始を70歳まで待つべきこと（繰り下げ受給）を力説したうえで、年金が将来どの程度目減りしそうかという目安を示しました。

第3章では、運用対象について記しました。預金や普通の国債はあまりお勧めできないこと、株式（具体的にはＥＴＦ）、外貨、物価連動国債、変動金利型国債（個人向け国債10年物、以下同様）などはインフレに強いので積極的に持つべきこと、生命保険は退職前後のサラリーマンには不要であること、自宅は持つべきだが賃貸用不動産は持つべきでないことなどを記した後、確定拠出年金（ＤＣ）や私的年金などについても記しました。

第4章では、資産運用の具体例を示しました。モデルケースには、60歳で退職金をもらって借金（主に住宅ローン）を返したあとに２１００万円の金融資産が残った場合について、どの金融資産をいつ買うべきか、数値例を示しました。加えて、金融資産がこれより少ない場合、多い場合などについても運用の指針を示しました。さらに、自営業者、若手サラリーマンのためにも老後資金の運用などについて記しました。

第5章では、自分で株式投資のタイミングや銘柄選びをしたい人のために、学ぶべき基礎知識を記しておきました。株価の割高、割安の判定基準などのほか、市場が暴走する恐ろしさなどについても記しました。

第6章では、これまで示してこなかった留意点、示したけれども今少し詳しく記すべき点、などについて記しました。親から相続を受けたときのこと、NISA、専門家の利用などについて記したほか、30年後の日本経済についてどう予測するのかなどにも言及しました。

第7章は、終活についてです。元気な間に準備しておくべきことのほか、相続、遺言、相続税などについて記しました。

なお、本書は2015（平成27）年6月末時点の法律、制度、株価、金利などを前提として執筆していますが、さまざまな制度の変更、新商品の発売や相場の変動などがあり得ますので、実際の取引に際しては、金融機関などで最新の情報をご確認ください。

最後に、本書の執筆に際しては、ファイナンシャル・プランナーの深野康彦先生、守田弘美先生に懇切丁寧なご指導をいただきました。この場を借りて、お礼申し上げます。

2015年10月

塚崎公義

「老後破産しないためのお金の教科書」目次

第❷章　公的年金の基本を押さえる

第❸章　運用対象の基礎知識

第❹章　資産運用の具体例

第7章　家族の幸せを考えた終活

第1章

老後に対する心がまえ

老後の生活資金をどうするか考える際に、最も重要なことは「長生きをしている間にインフレになり、蓄えが尽きてしまうリスクをどう軽減するか」です。そのために資産運用をどうするかを考えましょう。詐欺に遭わないための心がまえなどもしっかり持ちましょう。加えて、できるだけ働くこと、支出を見直すことなども大切ですから、ぜひ頑張りましょう。

1章

1 はじめに結論からお話ししましょう

本書は、老後の生活資金について考えるための本です。はじめに結論部分を簡潔に記しておきますので、まずは本書を読み進めていくための心がまえをしてください。**最も重要なことは、「長生きをしている間にインフレになるリスク」に備えることです。**儲けようと思わず、困った事態に陥らないための守りを固めることです。

読者が退職前であれば、早めに借金を返しましょう。手元に数百万円を残して、それ以外の金融資産は住宅ローンなどの返済に用いましょう。預貯金の利息より借入金の利息のほうが高いので、預貯金と借金の両建てを避けるのです。

退職金が出たら、借金をすべて返済します。そして、手元資金が数百万円になるまで退職金で生活し、できるだけ(可能ならば70歳まで)年金の受け取り開始を遅らせます(繰り下げ受給)。それにより、老後に受け取れる年金額が増えます。公的年金は何歳まで長生きしても(100

歳でも120歳でも）死ぬまで受け取ることができますし、インフレになれば原則として（※1）インフレ分だけ支給額が増えていくので、「長生きしている間にインフレになる」リスクに対しては最高の備えとなります。「早死にしたら損をする」ことになりますが、それは仕方のないことです。「長生きしても早死にしても得をする」などという選択肢があるはずはないので。

手持ち資金が数百万円になったら、年金を受け取り始めましょう。数百万円は、何かあったときの備えにもなりますし、それくらいは葬儀代として遺産に残しておきたいからです。問題は、その数百万円をどのように運用するかです。

リスクを避けるためには、分散投資をしましょう。インフレに強い資産である株式、外貨、物価連動国債などに資金を振り分けましょう。現金や銀行預金は、値下がりのリスクがないことで安心だと感じる人が多いと思いますが、インフレに弱いので少なめにしておきましょう。

株式の購入に際しては、多くの銘柄に分散投資をすることが必要です。投資信託（具体的にはＥＴＦ）による投資を検討しましょう。それから、時間分散（一度に買わず、時間をかけて少しずつ買う）も必要です。あとから振り返ったら、退職金の受け取り時期がたまたま株価のピーク時であった可能性もありますが、時間分散をしておけば、そうした場合でも損失は限られるでしょう。外貨を買う際も時間分散は重要です。読者が退職前なら、今のうちから少しずつ株（具体的にはＥＴＦ）と外貨を買っていきましょう。

※1　後述のように、マクロ経済スライド制度により、予想以上の少子化や経済停滞などの場合に年金額が目減りしていく可能性はあります。

年金受け取り開始までの生活費に使う資金は、数年以内に使う分は預貯金で、それ以外の分は物価連動国債で運用しましょう。株や外貨は、買うときも売るときも時間分散による投資が必要なので、数年間といった投資期間には向かないのです。

老後資金について考える際には運用のことも重要ですが、できるだけ仕事をして収入を稼ぐこと、生活を見直して無駄な支出を抑えることも重要です。倹約も場合によっては必要ですが、まずは現在の出費が本当に必要なものだけであるのかをチェックしましょう。特に重要なのは生命保険です。定年前後の年齢になると、「自分が死んだら家族が路頭に迷う」という人は少ないでしょう。それならば、**生命保険は不要**だと思われます。

結論は、以上です。第4章に資産運用の具体例を示してありますので、急ぐ方は、先にそちらをご覧いただいても結構です。

まとめ

- 借金がある人は、退職金で借金を返済しましょう。
- 年金受け取り開始を70歳まで待ちましょう(繰り下げ受給)。
- 投資対象もタイミングも分散投資です。
- 株式、外貨、物価連動国債などを重視しましょう。
- 仕事をし、支出を見直すことも重要です。

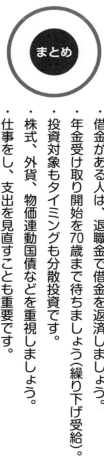

1章 2 老後に備えてリスクを避けることが大事

本書は、老後に資金不足で生活できなくなるリスクを避けることが目的です。資産運用で儲けよう、という攻めの姿勢ではなく、困った事態に陥らないように、という守りの姿勢の本です。

私たちは、自動車を運転するときには保険に入ります。事故を起こしてしまったときに、とても困った事態に陥る可能性があるので、そうした事態を避けようと考えるわけです。当然ですが、そのためには保険料を支払う必要があり、事故が起きなければ払った保険料は「無駄」になります。これを逆から見ると、保険は「事故が起きれば儲け、起きなければ損」という賭けであると考えることもできます。そうです。「困ったことが起きたときには儲かり、起きなかったときには損をする」という賭けが保険なのです。

では、本書が想定する困った事態とは、具体的にどういう事態でしょうか？　それは、長生きをしている間にインフレになり、預貯金が目減りして生活に困るという事態です。

ほとんどの読者には、そこそこの年金は出るでしょうが、年金だけで生活をするのは苦しいので、少しずつ預貯金を取り崩しながら生活するのが普通です。そのときに、取り崩す預貯金が底を突いてしまったらと考えると、そうした事態はぜひとも避けたいはずです。

日本人は長生きです。国立社会保障・人口問題研究所の「日本の将来人口推計」を用いて計算すれば、２０１０年に50代後半であった女性の67％、男性の43％が30年後の２０４０年まで生きているとされています。40年後の２０５０年でも女性の27％、男性の10％です。定年後30年も40年も生きる可能性は、決して低くないのです。しかも、医学は急速に進歩しつつあり、癌なども治る確率が高まっていくでしょう。さらには老化を遅らせる研究なども行なわれているようですから、１００歳まで生きる可能性も結構高いのかもしれません。いつまでも若々しく元気で長生きできるとすれば、それは素晴らしいことですが、**老後の生活資金という観点からすれば、長生きはリスクなのです。**

年金で足りない分は預貯金を取り崩しながら生活していくわけですから、長生きすれば預貯金が底を突いてしまうリスクは高まります。さらに困ったことに、長生きしている間に、年金支給額は次第に目減りしていくかもしれません。年金には、インフレの分だけ支給額が増えていくという原則はありますが、従来の想定よりも少子化が進んだり経済成長率が低かったりすると、「マクロ経済スライド」（79ページ参照）という制度が適用され、物価の上昇分よりも少し少ない増え方になっていくのです。そうなると、年金だけでは足りない部分が少しずつ増えていきます。

バブル崩壊後の日本経済は、物価が非常に安定していました。むしろ物価が下がるデフレが問題とされていたほどです。そうした状況においては、老後の蓄えは何も考えずに銀行預金に置いておけばよかったわけです。しかし、これからは銀行預金も「インフレによる目減り」のリスクがあるということです。株などを買うのもリスク、買わずに預金しておくのもリスクというわけです。しかも、インフレによる預貯金の目減りは意外と大幅なものとなるかもしれません。**今後は少子高齢化により労働力不足の時代が来ますので、モノ不足によるインフレなどが予想されます。**大災害などにより激しいインフレが生じるリスクも小さいとは言えません。こうしたインフレのリスクについては、第6章で論じます。

長生きをすればするほど、インフレによって生活資金が枯渇するリスクは高まります。長生きだけでも困りますし、インフレだけでも困りますが、長生きをしている間にインフレが来るという「ダブルパンチ」は本当に深刻な打撃となりかねません。そこで、これをどう防ぐかが本書の主題となるわけです。

では、どうすればいいでしょうか？　それは、「長生きをしたり、インフレが来れば得をするが、長生きをしなかったり、インフレが来なければ損をする」という賭けをすればいいのです。

具体的にどうすればいいのかを考えるのが本書です。前項で結論だけ先に述べておきましたが、次項以降で詳しく見ていきましょう。

一方で、**「少子高齢化で年金が破綻して受け取れなくなる」「日本政府は財政赤字が大きすぎて破産する」といったリスクについては、可能性は小さい**と筆者は考えています。この点についても、第6章で論じます。

日本経済全体のリスクに加えて、読者個人のリスクについても、避けられるものは避けましょう。自動車を運転するときは保険に加入することは当然です。読者がまだ若く、あるいは晩婚で、自分が死んだら残された家族が路頭に迷う可能性がある場合には、生命保険に加入しましょう。夫の会社が倒産したり、リストラされるリスクは、それほど大きくないかもしれません。今後は労働力不足の時代ですから、失業しても次の仕事が比較的簡単に見つかるでしょう。問題は病気やケガで夫が働けなくなるリスクです。そうなった場合に備えて、専業主婦である妻も自分を磨いておきましょう。資格を取得すれば仕事に就きやすいといったことを日頃から考えておくと、さらにいいでしょう。

リスクを避けると聞くとすぐに保険への加入を考える人がいますが、保険は本当に必要なものだけ、厳選して加入しましょう（112ページ参照）。日本人は保険が好きで、つい必要以上の保険に加入してしまう人が多いようですので気を付けましょう。

こうした個々人のリスクは千差万別ですから、本書で詳しく論じることはできませんが、本書に示した基本的な考え方を参考にして、各自でリスクを回避していただければ幸いです。

まとめ

・長生きとインフレに備える「守り」が重要です。

1章

3 自分で考え、自分で決めて運用する

資産運用の結果は自分の老後を直撃するのですから、真剣に考えて運用しましょう。**誰かの言いなりになるのではなく、必ず自分で考えて納得してから行動しましょう。その際に重要なことは、相手の立場に立って考えてみることです。**

サラリーマンが退職したら退職金が出ます。そのタイミングは比較的容易に知ることができますから、退職金が出たタイミングで銀行、証券会社、ワンルームマンション業者などが勧誘に来るでしょう。今まで敷居の高かった銀行が自分を個室に通してくれて丁重に対応してくれると、嬉しくなって、つい相手の言いなりになって保険や投資信託の契約を結んでしまうかもしれません。あるいは証券会社やワンルームマンション業者に「今が投資のチャンスです。こんなタイミングで退職金を受け取ったお客様はラッキーでしたね」などと唆《そそのか》されると、タイミングを逃したくないと考えて衝動的に契約してしまうかもしれません。しかし、落ち着きましょ

う。一生に一度のことです。急いては事を仕損じかねません。長期的な観点で老後資金の投資をするのです。少しくらい時間をかけてじっくり検討したとしても、誤差の範囲内です。

彼らがあなたに頭を下げるのは、あなたが偉いからでも尊敬されているからでもなく、頭を下げたほうが手数料を払ってくれる確率が高まるからです。あなたが売る側であれば、尊敬していない人に頭を下げることくらい、平気ですると思いませんか？　そう考えてみれば、冷静な判断ができるのですが、そこを勘違いしてしまうと、嬉しくなって彼らの言いなりになってしまうかもしれません。おだてられても冷静な心を失わないように気を付けましょう。

「今が投資のタイミングです」と言われても、そのまま信じてはいけません。彼らはいつでも誰に対しても同じことを言っているのかもしれません。値上がりしているときには「この流れに乗りましょう」と言い、値下がりしているときには「底値を拾うチャンスです」と言えばいいのですから。

彼らが勧める商品についても、それがあなたにとってベストな商品なのか否かは、慎重に考えましょう。彼らには、手数料率の高い商品を勧めたい気持ちがあるはずです。彼らはサラリーマンであり、ノルマを課せられ、常に成績で評価されているわけです。顧客の利益を考えていることはもちろんでしょうが、自分の利益やノルマなどを優先させている場合も皆無ではないでしょう。あなたが売る側だとして、本当に自分のノルマや会社の利益よりもお客の利益を常に優先すると確信できますか？　できないのであれば、相手も売る側の利益を優先している可能性は否定できないはずです。

彼らは、ときとして無料で貴重な情報を提供してくれます。株価の見通しなどのセミナーを開催してくれたり、場合によっては資産運用の相談に懇切丁寧に乗ってくれたりするでしょう。なぜでしょうか？　彼らが親切だからでしょうか？　あなたに株式などを購入してもらいたいからでしょうか？　もしも後者だとすれば、あなたが株式などを買いたくなるような情報は積極的に提供し、そうでない情報はなるべく提供しないという取捨選択が行なわれているかもしれません。あなたが売る側の立場だとして、客が買いたくなるような情報と同じように、客が買いたくならないような情報も提供しますか？　その部分はできるだけ簡単に説明したり、小さめの文字で書いたりしませんか？

銀行や証券会社の人々は、金融のプロであると同時に販売のプロです。ワンルームマンション業者は不動産のプロであると同時に販売のプロです。彼らが仮に顧客の利益よりも自分の利益を優先して、素人である顧客を自分の都合のいい方向に誘導しようと思えば、それは簡単なことです。そうしたことはないと信じたいですが、まったくないとは言い切れないでしょう。

「よく売れている商品だから安心して買おう」という人も多いようですが、これも危険です。他人の判断を鵜呑みにして、自分の頭で考えることをしていないからです。日本人は「皆が買っている」と聞くと自分も買いたくなる人が多いようですが、気を付けましょう。たとえば手数料率の高い商品があり、銀行や証券会社が熱心に販売しているとして、その結果としてよく売れているとします。「皆が買っている」というだけの理由で自分もその商品を買うのは、避けたいですね。

手数料率の高い商品を売り付けられるのも困りますが、さらに困るのはリスクのある商品を、よくわからないまま買ってしまうことです。**投資は自己責任ですから、いくらプロである販売員が勧めてくれたものであっても、リスクは投資家自身が背負うことになります。**リスクについては、充分理解できるところまでしっかり質問しましょう。「リスクについてはよくわからないけれども利回りが高い債券」などは決して買ってはいけません。利回りが高いのは、投資のプロたちがリスクを恐れて買わないからなのです。そうした商品に大切な老後資金を投じるのは絶対にやめましょう。

ここでリスクについてよくわからないのは、難しい数式などが出てきてよく理解できない場合もありますが、たとえば「トヨタ自動車の株価が半分以下になったら、満期に現金を支払うかわりにトヨタ自動車の株券を渡す」といった債券（他社株転換可能債券、ＥＢ債）も含みます。取引内容自体は理解できても、満期までにトヨタ自動車の株価が半値になる確率がわからないならば、そうした取引は避けるべきです。少なくとも投資のプロたちはそうしたリスクが小さくないと判断しているから、その債券には通常の債券よりも高い利回りが付いているのです。

「年金だけでは老後資金は足りませんが、退職金を年率４％で運用すれば、不足分は埋められます」といった投資の指南をする人も見かけますが、危険な考え方です。投資で増やそうとすれば、当然リスクが生じるわけです。ただでさえ老後の生活資金が不足しているのに、儲けようとして損をしてしまったら、目も当てられないでしょう。

そもそも、年率４％で確実に運用できる方法があるならば、「老後資金が足りないならば」などと言う必要はありません。誰だって、老後資金が足りている人だって、知りたいはずです。筆者だってぜひ知りたいですが、そんなものがあるはずはないでしょう。

では、ふたたび相手の立場に立って考えましょう。**「老後資金が足りないならば、」という枕詞は、相手を不安に陥れて投資話に興味を持たせるためのものなのです。相手の術中にハマらないように気を付けましょう。**

通常の運用は自分の判断で行なっていても、退職金となると持ち馴れない大金を急に手にするので何をしていいのかわからなくなってしまう、という話を聞きます。そうした心理状態のときには、金融機関の言いなりになってしまうリスクが高いのです。

退職金は、もともと給料として支払われるべき金額の一部を会社が預かっているものであり、「会社への貸出金が退職日に返済される」ものですから、もらってから焦るのではなく、あらかじめ「会社に預けてあるお金が戻ってきたら何をしようかな」と考えておきましょう。自分自身の頭を大金に慣らしておけば、退職日には冷静な判断ができるでしょう。もっとも、退職金の金額は会社ごとに大きく異なりますし、退職金制度のない会社もありますから、老後資金について考える年齢になったら、人事部（または総務部。以下同様）に退職金について問い合わせてみましょう。

本項を読んで不安になった読者の方へ。本書は無料ではありません。筆者が本書で知識やノウハウを書き記しているのは、印税を稼ぐためであって、それ以外の魂胆はありませんので、ご安心ください（笑）。

まとめ

・販売員の言うことを鵜呑みにしないで自分で決めましょう。
・販売員は、本当に顧客にベストなものを勧めるとはかぎりません。

1章

4 リスク回避に効果的な「分散投資」

金融の話をする際に、避けて通れないのがリスクと期待値についてです。株式投資も設備投資もリスクがあります。**儲かるチャンスがあるところには、必ずリスクがあるのです。**「虎穴に入らずんば虎子を得ず」というように、「リスクがなくて必ず儲かる」話はないのです。

投資を実行するか否かを考える際に、最も重要な判断材料がリスクと期待値です。まず、期待値がマイナスならば、普通は投資は行ないません。宝くじは期待値がマイナスでも多くの人が買っていますが、あれは夢を買っているのです。当たったときのことを考えながら「当たれ」と念じているのが楽しいのでしょう。オリンピックで日本選手に「頑張れ」と応援しているのと心理状態は似ているのかもしれませんね。

期待値とは

コインを投げて表だったら100円もらえるゲームがあったとしましょう。確率50%で100円儲かるので、儲かる金額と確率を掛け合わせた50円を期待値と呼びます。

ジャンケンで勝ったほうが300円もらうゲームであれば、勝つ確率は3分の1で300円の儲けですから期待値はプラス100円、引き分けの確率は3分の1で利益ゼロですから期待値もゼロ、負ける確率は3分の1で300円の損ですから、期待値はマイナス100円、これらを全部合計すると、このゲームの期待値はゼロになります。

100枚に1枚の当たりで1万円もらえる宝くじがあるとすれば、期待値は100円です。この宝くじを買うのに200円かかるとすれば、宝くじを買うことの期待値はマイナス100円になります。宝くじの券面の印刷代とか販売員の給料とかを考えれば、期待値がマイナスなのは当然ですね。

期待値がプラスならばいいかといえば、そうではありません。リスクが大きい場合には、投資は行なわないのが普通です。たとえば「確率7割で財産が3倍になるが、確率3割で破産する」という投資は、期待値的にはプラスですが、普通は実行されないでしょう。それは、破産という「とても困った事態」に陥る可能性が結構高いからです。

人間の心理として、「とても困った事態は避けよう。そのためなら、多少のコストはかまわない」と考えます。これを利用したのが保険です。保険は、客から見ると期待値はマイナスです。顧客に支払うであろう保険金に保険会社のコストを上乗せして保険料を決めているのですから、当然のことです。それでも保険に加入する客がいるのは、マイナスの期待値を「私が死んだら残された家族が路頭に迷う」「我が家が火事になったら住むところがなくなる」といった「とても困った事態」を避けることができるためのコストと考えているからです。

企業も同様です。企業が倒産すると、従業員が路頭に迷うことになりますし、企業の資産が二束三文で買い叩かれますし、企業の持つ顧客リストなどの無形の財産が霧散してしまいます。こうした事態を避けようとして、企業はリスクを嫌うのです。

今の日本では株式を持っていると、そこそこの配当がもらえます。株式相場は上がったり下がったりしますから、値上がりと値下がりの確率が同じだとすると、期待値は配当分だけプラスになります。預金しておくより期待値は高いわけです。それでも株を買わずに預金している人が多いのは、「株価が暴落して大損するリスク」を恐れているからです。

2銘柄の株を持っていると、それぞれが結構高い配当を支払ってくれます。確率4分の1で両方が値下がりして損をしますが、確率5割でプラスマイナスゼロ、4分の1で両方値上がりして儲かります。

3銘柄持っていると、大損する確率は8分の1しかありません。1勝2敗で少し損をする確率は8分の3ありますが、1銘柄しか持っていない場合に比べると、はるかに事態が改善しています。銘柄数が増えていけば、大損をする確率はさらに減っていきます。一方で、各銘柄が結構高い配当を支払ってくれますので、投資として「悪くない」と思えるようになっていきます。第3章で記すように、株価はインフレを映じて上昇する傾向がありますので、インフレによる預貯金の目減りを補ってくれる効果があります。この効果を期待すると同時に配当も結構高く、しかも大損する確率が低いのであれば、投資対象として素晴らしいものと言えるでしょう。

もっとも、問題もあります。個々の株が勝手に上がったり下がったりしていれば、分散投資によりリスクを下げることができますが、実際には株価が上がるときには多くの銘柄が上がり、下がるときには多くの銘柄が下がることが起こります。極端な例はバブルで、ほとんどの銘柄が高騰し、バブル崩壊時にはほとんどの銘柄が暴落しました。これでは分散投資をしても安心できません。

そこで、資産の半分で株を買い、残りの半分で外貨を買う、といった分散投資が必要となります。もちろん、株を買うほうの半分は、さまざまな銘柄に分散投資するのです。本書では、株も外貨も値下がりするリスクを考えて、株と外貨と国債（普通の国債でもいいが、本書が勧めるのは物価連動国債など）を3分の1ずつ購入することを基本と考えています。いざというときは、自宅を売って施設に入る可能性もありますから、分散投資の一部だと考えると、自宅と株と外貨と国債に分散投資する、ということになります。

「何に投資するか」と同様に重要なのが、「いつ投資するか」です。退職金を受け取ったときに全額を投資してしまうと、そのときがたまたまバブルで大損をするといったリスクがあります。反対に底値であれば、大儲けができるかもしれませんが、老後資金に関しては、そうした運の要素はなるべく排除して、安定的な資産運用を心がけたいものです。最終的に株式に投資すべき金額を決めて、時間をかけて少しずつ買っていくのです。10年かけて10分の1ずつ買っていく、といった具合にです。こうした投資を**時間分散投資**と呼びましょう。「ドルコスト平均法」と呼ぶ人もいます。これによって、退職の時期に関係なく、運不運に関係なく、「高いときと安いときの平均の値段（厳密には平均より少し安い値段）」で株を買うことができるのです。

ドルコスト平均法

毎年3万円ずつ株を買うとしましょう。5年間の株価が300円、200円、100円、200円、300円だったとしましょう。購入した株数は100株、150株、300株、

150株、100株の計800株です。投資金額は15万円ですから、平均単価は188円です。この間の株価の平均は220円でしたから、平均よりも安く買えたことになります。これは、安いときには多くの株数が買え、高いときには少ない株数しか買えないので、購入した株の平均単価が安くなるという理屈です。

ちなみに、バブル期に株式投資を始めたとしても、日経平均株価どおりにドルコスト平均法で投資をしていれば、大きな利益が得られていた計算になります。株価がバブルのピークの半分までしか戻っていないのに。

時間分散投資には、もうひとついいところがあります。初心者は、株価が上昇しているときに「急いで買わないと値上がりしてしまう」と考えて大量に買ってしまう傾向がありますが、あとから振り返るとそのときが株価のピークだった場合も少なくありません。一方で、株が暴落しているときには「早く売らないと株券が紙屑になってしまう」と考えて狼狽売りをしてしまう傾向がありますが、あとから考えるとそのときが株価のボトムだった場合も少なくありません。そうした事態を避けるためには、株価が上がっても下がっても、あらかじめ自分で決めたスケジュールにしたがって淡々と買い続けることが重要なのです。

まとめ

・リスクが小さく、期待値が大きいほうが投資として望ましいです。
・さまざまなものに分散投資をすると、リスクが小さくなります。
・毎年少しずつ買う時間分散投資も、リスクを抑えるために重要です。

1章 5 理解できる「シンプルなもの」に投資する

レストランの料理は、シェフが丹念に混ぜたり、焼いたり、隠し味を用いたりしたものを美味しく食べるところに意味があります。「どうせ胃の中で消化されるのだから、食材が大事なのだ」とはならないでしょう。しかし金融商品は、どうせ結果がすべてですから、素材ごとに購入しても何も問題はなく、しかも割安な場合が多いわけです。

顧客としては、素材の価格は他社との比較が容易ですが、セット商品になると価格の比較が難しくなります。単品で販売する場合は、大きな利益を上乗せできない金融機関も、複合商品にして販売することで、比較的大きな利益を上乗せします。客は複合商品になったことで、どれだけ大きな利益が乗せられているのかがわかりづらくなるからです。

たとえば、生命保険を例にして、掛け捨て保険と貯蓄型保険を比べてみましょう。日本人は、掛け捨て保険は何も起きなかったときに損をしたような気分になるから、満期金が戻ってくる貯蓄型保険のほうが好きだ、という人が多いのですが、貯蓄型保険はお勧めできません。

掛け捨て保険は、各社が似たような商品を発売していますから、客としては商品の比較が容易です。したがって、生命保険会社としては、あまりに利益幅の大きな商品を売り出すと、他社との競争に勝てないため、おのずと利益幅は制約を受けます。しかし、セット商品にすると、各社の商品が少しずつ異なるので、顧客がライバルの商品と比べることが難しく、少しくらい利益幅の大きな商品を売り出しても他社との競争に負ける可能性は低いのです。したがって、貯蓄型保険に加入するのであれば、「掛け捨て型保険に加入すると同時に国債などで資産運用を行なう」ほうが有利な運用ができる可能性は高いと思われます。

たとえば生命保険で、「払い込まれた資金は株式などで運用しますので、将来顧客に返還される金額は、株式投資などの運用成績により異なります。ただし、払い込まれた元本を下回ることはありません」といった商品があったとします。顧客としては、元本保証なので安心だと考えるかもしれませんが、これは「普通の生命保険」と「元本を下回ったときには、下回った分を補填するという保険」のセット商品なのです。この場合、後者の保険部分のコストは顧客には見えませんから、この部分が非常に高くなっている可能性があります。どうしても元本割れは避けたい顧客にとっては、コストが高くても価格保証がほしいのかもしれませんが、そんなに元本割れが怖いのであれば、はじめから株式で運用する保険に加入せず、国債で運用する保険に加入したほうがはるかに合理的です。

ちなみに、本書としては、退職前後の年齢のサラリーマンには生命保険は不要という立場ですが、生命保険の例がわかりやすいので、これを用いて説明しました。

他の金融商品でも、「外貨で運用しますが、どれほど円高になっても投資額の90％は戻します」といった商品が存在します。そうした商品は、「外貨が暴落した場合に損失を保証する保険」が組み込まれている分だけ、金融機関の利益幅が高いと考えていいでしょう。そうした商品に投資をするくらいなら、はじめから外貨での運用の金額を控えめにしておくほうが賢明です。

まとめ

・セット商品は、金融機関の利益が大きいので避けるべきです。

6 今の生活を見直すことが大事

老後の生活資金のことを考えるとき、忘れてはならないことは、生活を見直すことです。現役時代に所得が比較的高かった人は、「自分の老後は大丈夫だ」と漠然と思っているかもしれませんが、所得が高い人は生活費が膨らんでいる場合も多く、多少の蓄えがあっても長い老後の間には使い果たしてしまうかもしれません。**普通の人だけでなく、現役時代に所得が高かった人も、ぜひ一度、生活を見直してみてください。**

まず、できるだけ働いて収入を増やしましょう。夫が定年後再雇用してもらえるならば、ぜひ頼むべきです。

金銭的な面で、働くことが重要なのは間違いありません。給料がもらえるだけでなく、夫がサラリーマンの地位を維持することで（アルバイトであっても年収130万円以上（※2）稼ぐことで）、家族が会社の健康保険でカバーされます（家族が自分で国民健康保険に加入する

※2　2016年10月から、従業員501人以上の企業については130万円が106万円に変更になります。

必要がない）し、勤務先によっては厚生年金に加入できるので、専業主婦が国民年金保険料を払わなくて済むのです（第2章参照）。

社会との繋がりを保つという効果も重要です。今まで会社人間だったサラリーマンは、いきなり定年になっても行くところがなく、女房に付きまとって「濡れ落ち葉」と呼ばれることになりかねません。それならば、定年後再雇用で社会との接点を保つことの意味は大きいですし、再雇用されている間に趣味を見つける、近所付き合いを始めるなどの「助走」をすることも可能でしょう。

その際、気を付けることは、自分の置かれた立場の変化を充分に理解することです。再雇用によって、給料も下がり、仕事もつまらない仕事しか任せられず、しかも昔の部下に仕えることになったとしても、仕事があるだけマシだと考えましょう。ここの気持ちの切り替えをしっかり行なわないと、自分では普通に発言しているつもりでも、周囲から見ると偉そうに見えてしまい、人間関係がギクシャクして居心地の悪い職場になってしまうからです。

日本人は、「高齢になっても働きたい」と考える割合が外国人よりも高くなっています。しかも、平均健康寿命（元気でいる期間）が外国人よりも長いので、働く能力もあります。加えて**少子化で労働力が不足していきますから、高齢者を雇いたい会社は増えていくはずです。**

再雇用してもらえればいいのですが、そうでなくともアルバイトなどを探しましょう。そして年収が130万円超となるように、頑張りましょう。

65歳を過ぎても働いていると、受け取れる年金が減額されてしまうという人がいますが、**本書は70歳まで年金受け取りを待つことを推奨していますので、70歳までは思い切り働いても大丈夫です。**年金を65歳から受け取る場合であっても、働いたことで年収が減ることはありません（給料と年金の合計額は働けば間違いなく増えます）から安心しましょう。

専業主婦の妻もパートなどで働きましょう。夫の年収が下がれば、夫の支払う所得税率（厳密には限界税率）が下がるため、夫の扶養家族であることによる税法上のメリットは小さくなるでしょう。それならば、夫の扶養家族ではなくなっても構わないので103万円以上稼ぎましょう。

場合によっては、130万円を超えて働いたほうが得な場合もあります。年収130万円だと健康保険料と厚生年金保険料（40歳以上の場合は介護保険料も）で合計19万円ほど負担が増えますが、一方で老後の厚生年金が年7000円ほど受け取れますので、90歳過ぎまで生きるとすれば、払った保険料分が厚生年金として戻ってくる計算です。つまり、90歳過ぎまで生きることを前提とすれば、130万円の壁は気にする必要がないのです。60代前半の女性が90代前半まで生きる確率は49％（※3）と、決して低くありませんし、100歳まで生きたときの安心材料と考えれば、悪くない賭けだと思います。

※3　国立社会保障・人口問題研究所の将来人口推計（死亡中位）

さらに言えば、どうせ壁を超えたのだから、思い切って150万円分働くという選択肢があります。そうすれば、保険料を支払っても130万円の収入となります。そうなれば、早死にをしても一銭の損にもなりません。20万円分の労働が無駄になってしまいますが、現金が減ってしまうわけではないので諦めやすいでしょう。

そもそも夫の退職後には、子育てもおおむね終了しているでしょうから、妻も思う存分働いてみてはいかがでしょうか？　130万円などと言わず、200万円くらい稼ぎましょう。数年間にわたって200万円ずつ稼げば、生命保険会社の終身年金（私的年金）に加入できます。しかも厚生年金も受け取れますから、「長生きとインフレに対する備え」という面ではかなり安心感が増すのではないでしょうか。

収入を増やすだけでなく、支出の管理もしっかり行ないましょう。この作業は夫婦共同で行なってください。現役時代は専業主婦に家計を任せきりだった夫も、老後の生活については、夫婦が共通した認識を持っておくことは非常に重要です。一緒に家計簿を見ながら、今の生活の何にいくらかかっていて、それが今後はどうなっていくのか、じっくり話し合いましょう。

ただ、その際にぜひ注意すべきことがあります。妻が、「夫が私の家計のやりくりにケチを付けようとしている」と考えてヘソを曲げる可能性があることです。たとえば「こんな出費はいらないだろう！」と決めつける代わりに、「この出費を削るとしたら、どんな問題が起きるのだろう？　それを解決するためには何が必要なのだろう？」と相談してみましょう。妻を責めると妻は協力モードから防御モードに入ってしまい、かえって家計の実体が見えにくくなってしまうかもしれません。

立場を変えて考えてみましょう。夫が会社で、新しく来た上司にいきなり「自分の仕事」に関して「この支出は無駄だろう！」と怒鳴りつけられたと考えてください。夫は、「たしかに半分は無駄だな」と思っても、それを認めたくない一心で、その支出がいかに重要であるかを上司に説明し始めるかもしれませんね。「北風と太陽」の話を思い出しながら、焦らずにやりましょう。

「生活を見直す」というと、すぐに「倹約」という言葉が思い浮かびますが、老後を「食べたいものも我慢して」暮らすのでは楽しくありません。もちろん、ここまでをお読みいただいて、老後の資金が足りなさそうだと感じた方は、ビールを発泡酒に変えるなどの倹約をしましょう。しかし、それ以前に「費用の安い趣味を持つことで楽しく老後を過ごせるようにする」「無駄な出費を洗い出す」ことを優先しましょう。老後の資金が何とかなりそうだと感じた方も、費用の安い趣味が見つかって悪いことはありませんし、無駄な出費を続ける必要はありませんので、ぜひ頑張ってください。

まずは家計簿を見て、主要な支出項目ごとに考えてみましょう。家計簿がなくても、銀行の電気料金引き落とし額やクレジットカードの利用明細表などを見れば、ある程度の見当はつくでしょう。

細かい出費の無駄も積み重なると大きいので整理しましょう。たとえば「仕事に役立つ経済雑誌を定期購読していたが、退職後は読みそうにない」「クレジットカードを何枚も持っているが1枚で充分」「携帯電話は家族が同じ会社を利用することで家族割引が受けられる」といった項目を洗い出しましょう。特に、**自動引き落としになっている出費は、何となくそのまま支払い続けているものもあるでしょうから、要チェックです。**

家計簿をつけていない家庭は、ぜひ一度、家計簿をつけてみましょう。家計の現状を把握するために必要だからなのですが、実はもうひとつのメリットがあると言われています。「毎日体重計に乗るだけでダイエットになる。それは、体重のことを考えながら日常生活を送るようになるからだ」と言われますが、それと同じことで、家計簿をつけてみると、無駄使いを意識しながら日常生活を送るようになるでしょう。もしかすると、配偶者に「贅沢だ」と言われたくないので我慢することもあるかもしれませんね。

比較的大きな費用項目については、「当然必要だ」と思い込んでいないかどうか、一度先入観を排除してゼロベースで考えてみましょう。たとえば生命保険は必要ですか？　あなたが他界したときに路頭に迷ってしまう家族はいますか？　いなければ生命保険は不要ですね。筆者は退職前後のサラリーマンには原則として生命保険は不要だと考えていますが、この点については112ページで詳述します。

では、火災保険はどうでしょうか？　家族4人で郊外の大きな家に住んでいる場合、子どもたちが独立したあとは売却して都心の小さなマンションに引っ越しませんか？（自宅については122ページ参照）　もしもそのつもりならば、どうせ自宅は売却時に取り壊す（古家があると売りにくいので更地として売る）のでしょうから、火災保険は不要ではありませんか？

ちなみに、親の家を相続して空き家になっている場合にも、火災保険の契約は引き継がれていませんか？　空き家になっているなら早期の売却をお勧めしますが、売却までの間も保険料がもったいないですから、火災保険は直ちに解約しましょう。

たとえば、都会に住んでいる場合、自家用車は必要でしょうか？　自動車を持っているだけで、車検の費用、買い替えの費用に加えて、ガソリン代、駐車場代、自動車保険なども結構高いかもしれません。それならば、思い切って自動車を手放してみませんか？　普段の生活には公共交通機関を使い、必要に応じてタクシーやレンタカーを活用するのです。子どもが小さい間は必需品であった自動車が、定年前後の夫婦には贅沢品になっていたことに気付くかもしれません。

ちなみに筆者は、子どもがある程度の年齢になったときに、自家用車を手放しました。その際に自分と家族を納得させる材料として、「タクシー代は自由に使おう」と決めました。しかし実際には、「やはりタクシーはもったいないから電車とバスで行こう」という日が多く、思ったほどのタクシー代にはなりませんでした。加えて、自然と駅まで歩くようになるので、自家用車を持っていた頃よりも運動量は増えました。定年後は運動不足による体力の衰えも心配ですから、車を手放すことで強制的に自分を駅まで歩かせるという効果も大きいはずです。

田舎に住んでいる人は、車がないと生活できないでしょうが、それでも見直す余地はあります。たとえば夫の通勤用の自動車と妻の買い物用の自動車を2台持っている場合、1台になりませんか？　子どもたちが独立して老夫婦だけになったら小さい車で充分ではありませんか？

生活を見直すのと並行して、お金について勉強してみましょう。第2章、第3章に記す年金や金融商品などについても、ちょっとした手続きで収入が増えたり、支出が抑えられるかもしれませんよ。

退職すると、そもそも勉強せざるを得ない面も出てきます。今まで会社がやってくれていた手続きを、自分でやらなくてはいけなくなるからです。たとえば、健康保険を自分で管理する必要が出てきます。国民健康保険は収入に応じて支払い額が決まるので、その書類などを持って手続きをする必要があるのです。どんな手続きが必要で、その際どのような控除や割引の制度があるのかといったことを調べる必要が出てくるかもしれません。

ちなみに、健康保険については、勤務先の健康保険を2年間、任意継続する選択肢も検討しましょう。国民健康保険の保険料は、前年の所得に応じた金額になるため、退職直後に加入すると保険料が高額になりかねないので、任意継続のほうが割安になるかもしれないからです。会社の健康保険ならば家族もカバーされるので、扶養家族がいる場合はなおさらです。

まとめ

- 働いて収入を増やしましょう。
- 倹約よりも無駄を削る方向で支出を見直しましょう。
- 先入観を捨てて、本当に必要か自問自答してみましょう。

1章 7 老後の生活資金に1億円の貯金は必要ない

「老後の生活資金は1億円必要」といった話を耳にして、不安になる人も多いようです。家計調査という統計があります。多くの世帯に家計簿をつけてもらい、それを集計したものです。それによると、無職世帯の平均的な支出額は60代が毎月30万円、70代が毎月25万円程度です。60歳で定年になると、60代で3600万円、70代と80代で各3000万円が必要となり、90歳まで生きる場合の老後の生活資金は9600万円となります。つまり、**1億円必要である、という話自体は正しいのです。**

この数字は、平均的な無職高齢者世帯のものですので、夫婦2人だけであれば、もう少し少ない金額で済みますが、大筋では正しいといってよいでしょう。

しかし、**老後は年金の収入がありますから、「退職時点で1億円の貯金がないと老後が暮らせない」ことはまったくありません。**そもそも、金融資産を1億円も持っている人はまれですから、もしも本当に1億円の貯金が必要ならば、「日本人はごく少数の金持ちを除いて老後の生活資金が決定的に不足している」ことになりますが、そんなはずはありません。現に90歳や100歳の高齢者でも、生活費が決定的に不足している人は少数派でしょう。実際、平成26年版『高齢社会白書』によれば、80歳以上の高齢者に暮らし向きについてのアンケートをとると、「まったく心配ない」「それほど心配ない」との回答が8割を占めているのです。

世の中には、「大変なことになる」と言いたがる人が大勢いるので、そうした人の言うことは、冷静に聞きましょう。

まずは、目立ちたい人です。「大変なことが起きる」と言えば、皆が注目してくれて、マスコミにも呼ばれますし、本も売れるでしょう。筆者はこうした人のことを「目立とう系のトンデモ予想屋」と呼んでいます。

次に、不安を煽って商品を売りつけたい人です。「老後資金が不足しているなら、投資で稼ぎましょう。いい商品をご紹介しますよ」というわけです。

年金についても、「少子高齢化で年金は破綻し、将来は受け取れないのだから、これに頼ってはダメだ」という人は大勢います。しかし、年金の制度をよく知る専門家では、「年金は目減りすることは避けられないが、破綻したり受け取れなくなることはないだろう」という人が多数派です。

図01 無職世帯（2人以上世帯）の収入と支出

	60～69歳	70歳～
収入	200,327円	210,154円
（うち社会保障給付）	153,537円	182,913円
支出	310,645円	261,930円
収支	−110,318円	−51,776円
世帯当り人数	2.57人	2.36人
2人世帯換算年間支出	約300万円	約270万円
2人世帯換算年間収支	約100万円赤字	約50万円赤字

出所：『家計調査年報 家計収支編』平成26年版。詳細結果表3-14を用いて筆者作成。
注：収入、支出、収支は1世帯1カ月あたりの金額。

「日本政府が財政赤字で破産するから年金も破綻する」という人もいますが、これについても過度な心配は不要です（198ページ参照）。

60歳定年で、65歳までは夫婦ともに働いて生活費を稼ぐとして、65歳から70歳までの間は退職金を食いつぶしながら生活しましょう。年間の生活費を300万円とすると、5年間で1500万円必要です。あとは、万が一に備えて500万円程度は持っておきたいでしょう。この分は、何事もなければ葬儀費用として残しましょう。70歳になれば、あとは年金で生活できます。そう考えれば、退職時点で2000万円あれば、老後の生活は何とかなります。ちなみに、年間生活費300万円という数値は、図01の1カ月あたり支出を12倍して年間支出を求めたうえで、その数値が2・57人の世帯であることを考えて、2人世帯に必要な金額を計算したものです。以下でも同様な計算を行なっています。

65歳から年金を受け取り始めた場合には、60代後半で年間約100万円の不足となり、5年間で500万円が不足します。70代と80代には毎年約50万円ずつ不足しますから、合計1000万円程度必要です。70代と80代の年金支給額がマクロ経済スライドで目減りする可能性、90歳以上まで生きる可能性などを考えると、500万円は安心のために持っていたいところです。そうなると、合計でやはり2000万円ほしいですね。

さて、上記は読者の生活水準が平均的なものである場合の話です。現役サラリーマン世帯（単身世帯を除く）は、1カ月の1人平均生活費が10万円程度です（平均は2・5人家族で25万円です）。読者の現在の生活費がこれを上回っているようであれば、少し生活水準を落とす必要があるかもしれません。もちろん、2000万円を大幅に上回る金融資産を持っている場合はこのかぎりではありませんが。

現役のサラリーマンで2000万円を持っている人は少ないと思いますが、心配は不要です。退職金が出るからです。ちなみに、一生同じ職場に勤めた場合の退職金は、大卒で2200万円程度、高卒事務系で2000万円程度、高卒現業職で1500万円程度となっています（厚生労働省「平成25年就労条件総合調査結果の概況」）。つまり、退職直前の預貯金額が住宅ローンの金額とおおむね見合っていれば、老後の生活費は何とかなる人が多いのです。

もっとも、退職金は企業の規模などによって大きく異なりますし、退職金制度がない企業もありますから、老後の生活資金について真剣に考える年齢になったら、会社の人事部に退職金の予想される金額を問い合わせるといいでしょう。

さてここで、読者各位に、65歳時点でのご自身の金融資産残高を予想していただきましょう。まず、現在の資産と負債をすべて書き出します。貯蓄型の生命保険については、満期が65歳以降であっても資産として考えましょう。

年間の大雑把な収入と支出は、預金通帳を見れば見当がつくでしょう。預金を下ろして株を買った場合などは、預金が減っていても家計が赤字になったわけではないので、支出には含みません。生活を見直した結果（38ページ参照）、どの支出項目がどれくらい減りそうか、あるいはご子息が就職して学費が不要になる分はどれほどか予想します。

現在の資産負債状況と毎年の収入支出状況がわかれば、金融資産残高を予想することは容易です。現役の方は2段階に分けて作業をします。はじめに、退職日の資産負債状況を予想してみましょう。それを出発点として、今度は65歳時点での資産負債状況を予想してみてください。

退職済みの方は、現在を出発点として予想してみましょう。

さて、老後の生活資金が足りそうか否かを判断するための最も重要なチェックポイントに移りましょう。読者の皆さんは毎年一度、誕生月に日本年金機構から「ねんきん定期便」を受け取っているはずです。50歳以上の方は将来の年金の予想受け取り額が記載されているので、夫婦の合計が18万円を超えているか見てください（67ページ参照）。ちなみに図01（49ページ参照）では、70歳以上の収入が約21万円とありますが、これは世帯あたり人数が2・36人の家計についての数値なので、これを2人世帯に換算したものが約18万円という数字です。

老後の年金の受け取り額は、年金の加入期間に加え、現役時代に納めた年金保険料の額にも影響されます。現役時代の所得（自営業者だった時期は除き、サラリーマンとして受け取った給料などの合計）の高かった人は納めた年金額が多く、受け取れる年金額も多くなるわけです。

夫婦合計の金額が18万円を下回る人は、老後資金が不足する可能性がありますので、不足分に応じて生活を工夫する必要があるかもしれません。本項は、あくまでも普通のサラリーマン夫婦についての記述であることをお忘れなく。

さらにいえば、将来は年金がマクロ経済スライドで目減りしていく可能性があるため、18万円でも若干不安です。いっそうの安心のためには、22万円程度ほしいところです。厚生労働省が将来の年金額の試算をしていますが、第2章で述べるように、**22万円あれば、悲観的なシナリオでも暮らしていける**ことになるからです。

自営業者にも、「ねんきん定期便」が届いているはずです。夫婦合計の受け取り額は多くても13万円程度と、サラリーマンに見劣りしているはずです。その分だけ、定年がなく、元気な間は働けるのですから、頑張って働いて老後の資金を蓄える必要があります。自営業者は収入も資産状態も健康状態も千差万別ですから、本書では試算などは示しませんが、各自サラリーマンの試算を参考に、自分の老後資金について考えてみてください。

さて、老後の生活資金は足りそうでしょうか？「何とかなりそうだ」と思った方は、心配しすぎず、しかし気は抜かず、第4章のマニュアルに従って老後の準備を続けてください。足りなさそうだと思った方は、頑張って働いて収入を増やし、頑張って節約して支出を減らしてください。気を付けたいのが、「足りないから退職金を投資して儲けよう」などと考えないことです。投資にはリスクがともないます。老後の貴重な生活資金をリスクにさらすことがないように、しっかり守っていきましょう。

まとめ

- 老後は1億円必要ですが、公的年金などがあるので過度な心配は不要です。
- 「普通」のサラリーマンは、老後の生活資金が足りる計算です。
- 「ねんきん定期便」で夫婦合計22万円あれば、まずは安心です。

1章 8

詐欺に遭わないように注意する

高齢者は、詐欺師の格好のターゲットだと言われています。 個人差はあるものの、平均すれば相当大きな金融資産を持っていますし、判断能力が落ちてくる人が多いので、騙しやすいからです。充分気を付けたいものです。しかし、判断力が優れている人であっても、詐欺師に狙われる場合があります。一流企業の部長や重役であった人が詐欺に遭うケースも決して少なくありません。彼らは、「自分は優秀だから詐欺師などには騙されない」と思っているのでしょうが、「さすがにお目が高い」などとおだてられると、相手の説明に不明な点があっても「こんな質問をするのは恥ずかしい」と考えて質問せず、相手の詐欺を見抜くチャンスをみすみす放棄したりしかねないからです。まして判断力が特に優れているわけではない一般人は、無用なプライドを持たずに不明な点は納得できるまで質問する姿勢が重要でしょう。

最も一般的な詐欺は、「必ず儲かる商品」を売り付けることです。これは単純な詐欺ですから、「世の中には必ず儲かる商品などない」ことをしっかり認識していれば、多くの場合、被害に遭わずに済むでしょう。

万が一「必ず儲かる商品」が存在したとしても、世の中には、自分より知恵も金もある人が大勢いるので、そうした商品は自分のところに回って来る前に買われてしまうはずだ、と考えましょう。「たまたま上を向いていたら、棚から牡丹餅が落ちて来た」などということはあり得ないのです。

詐欺師も、相手が警戒心を持っていることは充分わかっているので、はじめは少額の取引を持ちかける場合も多いようです。「必ず儲かる商品」を10万円で売り付けた後、20万円で買い戻すことにより「客」を安心させるわけです。客が安心したところで「今度は大きく投資して大きく儲けましょう」といって大金を巻き上げるようです。これは、最初に10万円を投資した段階で間違えたということなのでしょうね。

先に相手の立場に立って考えることが重要だと記しましたが、詐欺師に狙われたときにもこれは有効な手段です。「必ず儲かります」という商品を勧められたら、「この人はどうして私に親切にしてくれるのだろう」と考えてみましょう。自分が必ず儲かる商品を持っていたら、見知らぬ人に譲ってあげるでしょうか？「自分なら譲らない」と考えた方は、「この人は自分と違って親切な人なのだろうか？　あるいは詐欺師なのだろうか？」と考えてみましょう。そうすれば、詐欺の被害に遭う確率は格段に下がるでしょう。

詐欺師がグループになると、見抜きにくいケースも出てくるでしょう。詐欺師Aが電話をしてきて、「私はあなたの高校の後輩です。ベンチャー企業を立ち上げて、今度上場する予定です。上場前に増資を計画しているのですが、高校の先輩方に優先的にお話をお持ちしています。この機会に我が社の株式を購入されませんか？」と言ったとします。それだけで投資する人は少ないでしょうが、翌日詐欺師Bが電話をしてきて、「あなたの高校の後輩のベンチャー企業、素晴らしい会社です。私は同窓生ではないのですが、ぜひA社の株を買いたいのです。あなたが増資を引き受けて、それを私に譲ってくれたら、3割増しで買い取りますよ」と言ったとします。ここまでやられると、引っ掛かってしまうかもしれませんね。それでも、「そんな素晴らしい株なら、どうしてA氏は高校の先輩たちに譲ってあげるのだろう」と考えてみることは、少しは役立ちます。

派手な広告を打つ詐欺集団にも注意しましょう。一流の新聞やテレビなどで流されている広告だからといって、安心してはいけません。新聞やテレビは広告主の依頼により代金を受けとって広告を載せているだけで、広告の内容について問題ないことを保証しているわけではないからです。

また、広告の中に、一流企業や立派な人物との関連を連想させるような文言があったとしても、信じるわけにはいきません。詐欺師が一流企業や立派な人物の名前を勝手に使っているだけかもしれないからです。

かつて筆者の友人がゴルフ会員権詐欺に遭ったことがあります。友人は、一流新聞に掲載されたゴルフ場の会員募集の広告を見て、ゴルフ場の施工会社が一流企業であることを確認し、念のため施工会社に「御社はこのゴルフ場の施工をしていますか？」と確認をとったそうです。しかし、結果としてゴルフ場が公表している人数をはるかに上回る会員を集めていたため、友人の会員権は無価値となってしまったのです。この場合、広告を掲載した一流新聞も、ゴルフ場の施工会社も、「会員数がそんなに多いとは知らなかった」だけで、当然ながら責任はとってくれませんでした。「投資は自己責任」ですから、当たり前ですよね。

友人はどうすればよかったのでしょうか？　あとから考えても、「ここさえ押さえておけば被害は防げた」という決定的なものはないのですが、やはり相手の立場に立って考えてみるべきだったのでしょうね。周辺のゴルフ場の会員権相場よりも格段に安い価格で会員の募集が行なわれていたのですから、「どうしてこんなに安く会員にしてくれるのだろう？　このゴルフ場の社長は親切なのだろうか？　詐欺師なのだろうか？」と考えてみれば、被害は防げたかもしれません。

もっとも、**欲の皮が張っていると詐欺師の「客」になりかねませんから、欲張りすぎないこ**

とも重要です。友人の場合は、「若気の至り」だったのでしょうが、老後の生活資金を考える年齢になれば、そうしたリスクは減ってくると信じたいものですね。

高齢者は、孤独な人も多く、それも詐欺師の狙い目だと言われています。相談できる家族や友人が身近にいれば、本人よりも周囲のほうが欲に目がくらんでいない分だけ詐欺に気付きやすいのでしょうが、相談できる相手がいないと自分だけで判断してしまうからです。自分の投資についての相談などは、友人などにも話しにくいという人もいるでしょうが、「高校の後輩Aからこんな話があった。ラッキーだ」といった雑談だけでもできれば、何らかの役には立つかもしれません。

身近に相談できる人がいないときは、消費生活センターに相談するか、消費者ホットライン188番（いやや！）に相談してみましょう。「似たような話の詐欺事件がありましたよ」と教えてくれるかもしれません。

詐欺の被害者は皆、「悪い人には見えなかった」と言うそうです。当たり前です。悪い人に見えるようでは「商売」ができませんから、「業界」に留まることができないからです。**善人そうに見える人からの話でも、旨そうな話が来たら、必ず疑ってかかりましょう。**

孤独な高齢者に近づき、親切にしてあげて高齢者の信頼を勝ち取り、そのあとで高齢者の財産に手を出す詐欺師もいるようです。「息子は電話もしてこないのに、C君は毎週末に顔を出して庭の掃除をしてくれる。遺産は息子ではなくC君に残そう」と考えるお年寄りまでいるそうです。

詐欺でなくとも、さまざまな業者が高齢者の財産を狙って、いろいろなものを売りつけようとしています。その手法のひとつが「とにかく高齢者の話し相手になって、さびしさをまぎらわせてあげることで高齢者の心をつかむ」ことだそうです。

さて、読者の皆様、自分が高齢者になったときの心配も必要ですが、もしかして高齢の親との連絡が疎くなっていませんか？ 親孝行はもちろん素晴らしいことですが、それだけではなく、親にさびしい思いをさせないことが、あなた自身のためかもしれませんよ。

まとめ

・「必ず儲かる商品」は存在しません。
・「相手の立場」に立って考えてみましょう。
・相談や雑談ができる相手を持ちましょう。

第2章

公的年金の基本を押さえる

公的年金は老後の生活を支える最重要の柱であり、しかも「長生きしている間にインフレが来るリスク」への備えとしても最高のものです。将来は少子高齢化で年金が目減りするけれど、それでも頼れる存在です。年金の仕組みを把握することはもちろん、自分の年金記録に漏れがないかチェックすること、年金の受け取り開始を70歳まで待つことなどが重要です。

2章 1 公的年金のしくみを理解する

老後の生活資金の最重要部分は公的年金です。それにもかかわらず、年金についての人々の知識は非常に限られています。サラリーマン（公務員等を含む。以下同様）は年金も天引きなので、知らなくても困らないと思っている人が多いようですが、決してそうではありません。「高齢化で将来は年金がもらえない」といった話を聞いて不安になるだけでは何も始まりません。まずは仕組みを学びましょう。

サラリーマンの公的年金は、２階建てになっています。１階部分は国民が全員加入する国民年金で、２階部分はサラリーマンが加入する厚生年金（２０１５年９月までは公務員などは共済年金でしたが、厚生年金に統一されました）です。これに加えて、３階部分として、会社によっては企業年金などがあったり、個人で生命保険会社と年金の契約をしたりする場合がありますが、これらは私的年金であって、公的年金とは区別して考えましょう。私的年金については、

図02 年金制度の概要

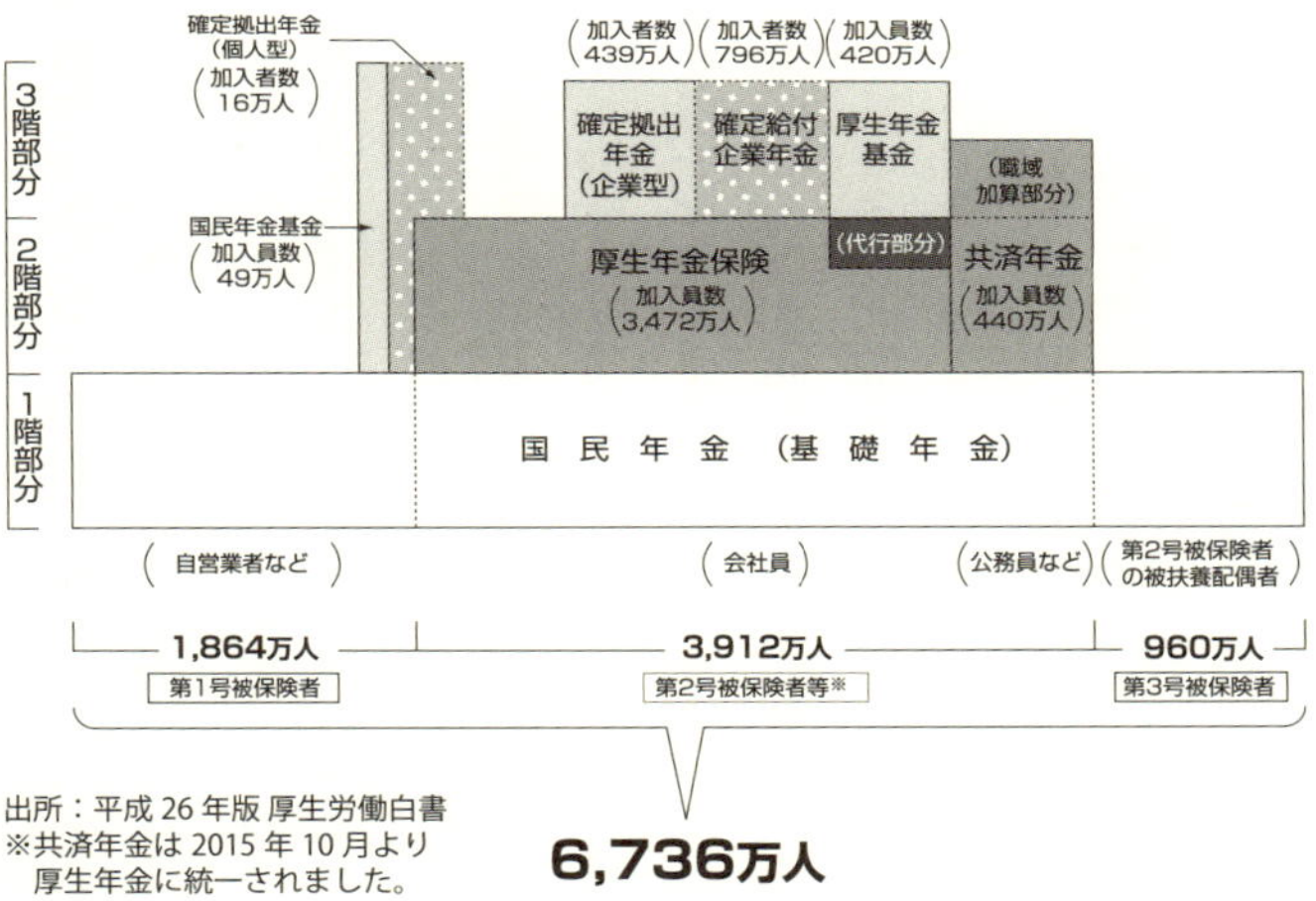

出所：平成26年版 厚生労働白書
※共済年金は2015年10月より厚生年金に統一されました。

人により事情が大きく異なりますから、本書ではあまり触れませんが（第3章で少しだけ触れています）、各自が関心を持って、調べてみることをお勧めします。会社の人事担当に問い合わせれば、教えてくれると思います。なお、この機会に、**転職経験者は以前の職場の企業年金についても問い合わせておきましょう。**

まずは、1階部分の国民年金です。これは、20歳から60歳までの全国民が加入して年金保険料を支払い、65歳以上の全国民が老齢基礎年金を受け取る、というものです。20歳から60歳までの国民は3グループに分けられています。第1号被保険者は自営業者、学生など（2号と3号以外の全員）です。失業者などで支払いを猶予、免除されている場合を除き、自分で保険料の支払いを行なう必要があります。第2号は、サラリーマンです。厚生年金保険料を会社の給料から天引きされており、その一部が国民年金保険料に回されるので、自分で保険料を支払う必要はありません。第3号は、サラリーマンの妻である専業主婦です。第3号は、国民年金保険料を支払わなくてもいいのです。夫が支払った厚生年金の一部が専業主婦の国民年金保険料に回されるという扱いになっているからです。

ここで注意を要するのは、専業主婦が年間１３０万円以上稼ぐと、専業主婦ではないと見做されて、健康保険と年金の保険料の支払い義務が生じることです。個人事業主として働いてもパートなどで働いても同じです。そこで、専業主婦は収入が年間１３０万円を超えないように働く時間や量を調整することになります。これが「**１３０万円の壁**」と呼ばれているものです。

もっとも、妻の勤務先が厚生年金に加入している場合には、敢えて１３０万円以上稼ぐという選択肢もあります。短期的には健康保険と厚生年金の保険料を支払う分だけ資金繰りが苦しくなりますが、長期的には妻も老後の厚生年金が受け取れるからです。なお、大企業に1年以上勤務するパートについては、この金額は、２０１６年10月から１０６万円に下がる予定です。

これと混同されやすいのが、「**１０３万円の壁**」です。専業主婦のパート収入が年間１０３万円を超えると、夫の配偶者控除がなくなってしまいます。多くの会社では扶養手当を支給する境目になっていますので、こちらもパートの労働時間を考えるうえでは重要です。

図03 平成27年度の67歳以下の年金額の例

	平成26年度（月額）*1	平成27年度（月額）
国民年金（老齢年金（満額）：1人分）	64,400円	65,008円（+608円）
厚生年金*2（夫婦2人分の老齢年金を含む標準的な年金額）	219,066円	221,507円（+2,441円）

＊1 平成26年度の基礎年金（厚生年金に含まれている夫婦2人分の基礎年金を含む）は、特例水準の額であり、本来水準よりも0.5%高い水準となっています。
＊2 厚生年金は、夫が平均的収入（平均標準報酬〈賞与含む月額換算〉42.8万円）で40年間就業し、妻がその期間すべて専業主婦であった世帯の例。

女性会社員（サラリーウーマン）がサラリーマンと結婚して退職する際には、2号から3号になります。自営業者の女性がサラリーマンと結婚して仕事をやめると1号から3号になります。一方で、専業主婦が育児の一段落を機に働き始め、年収が一定水準（年間130万円）を超えると、3号ではなくなります。ここまでは認識している人が多いと思いますが、問題は夫が起業したり、失業してサラリーマンでなくなった場合です。専業主婦が3号ではなくなり、1号として年金支払い義務が生じるのですが、この際に届け出を怠ると、年金保険料の未払いとなり、将来受け取れる年金が減りかねません。これ以外にも、さまざまな局面で届け出が必要であったり、損得関係が大きく変化するので、制度について理解をしておくことは非常に重要です。

国民年金は、40年間加入していると、65歳になった段階で毎月約6・5万円が支給されます。夫婦2人で13万円です。途中で未納の期間があると満額受け取れませんので、未納分は後納するなどの対策をとりましょう（後述）。

2階部分は厚生年金です。国民年金が全国民一律であるのと異なり、厚生年金は所得に応じて保険料が異なり、支払った保険料に応じて年金の受け取り額が異なっています。厚生労働省によると、**夫が平均的収入（平均標準報酬（賞与含む月額換算）42・8万円）で40年間就業し、妻がその期間すべて専業主婦であった世帯が年金を受け取り始める場合の給付水準は、夫婦合計で22・2万円程度となっています。**報酬比例部分が毎月9万円強という計算になります。

まとめ

- サラリーマンは年金が充実しています。
- 年金制度は複雑なので、損をしないように勉強しましょう。

2章 2 自分の年金額を知る

自分が年金をどれくらい受け取れるのかを知るには、**毎年の誕生月に送付されてくる「ねんきん定期便」を見ましょう。** 50歳以上の人には、「今のままの所得が60歳まで続いたと仮定した場合の受け取り額の目安」が記してあります。

これが22万円よりも極端に少ない場合には、勤務先の人事担当に問い合わせてみましょう。厚生年金基金に勤務先が加入していて、支払い経路が別建てになっているかもしれません。そうでない場合には、年金の記録が誤っているかもしれませんので、年金事務所に問い合わせてみましょう。あなたが届け出を誤っている場合もありますが、年金事務所が処理を間違えている場合（いわゆる「消えた年金問題」）もあり得るからです。

ねんきん定期便の中段の一番右に、老齢基礎年金、老齢厚生年金（報酬比例部分）、老齢厚生年金（経過的加算部分）という欄があります。個人差はありますが、夫が標準的な収入で40

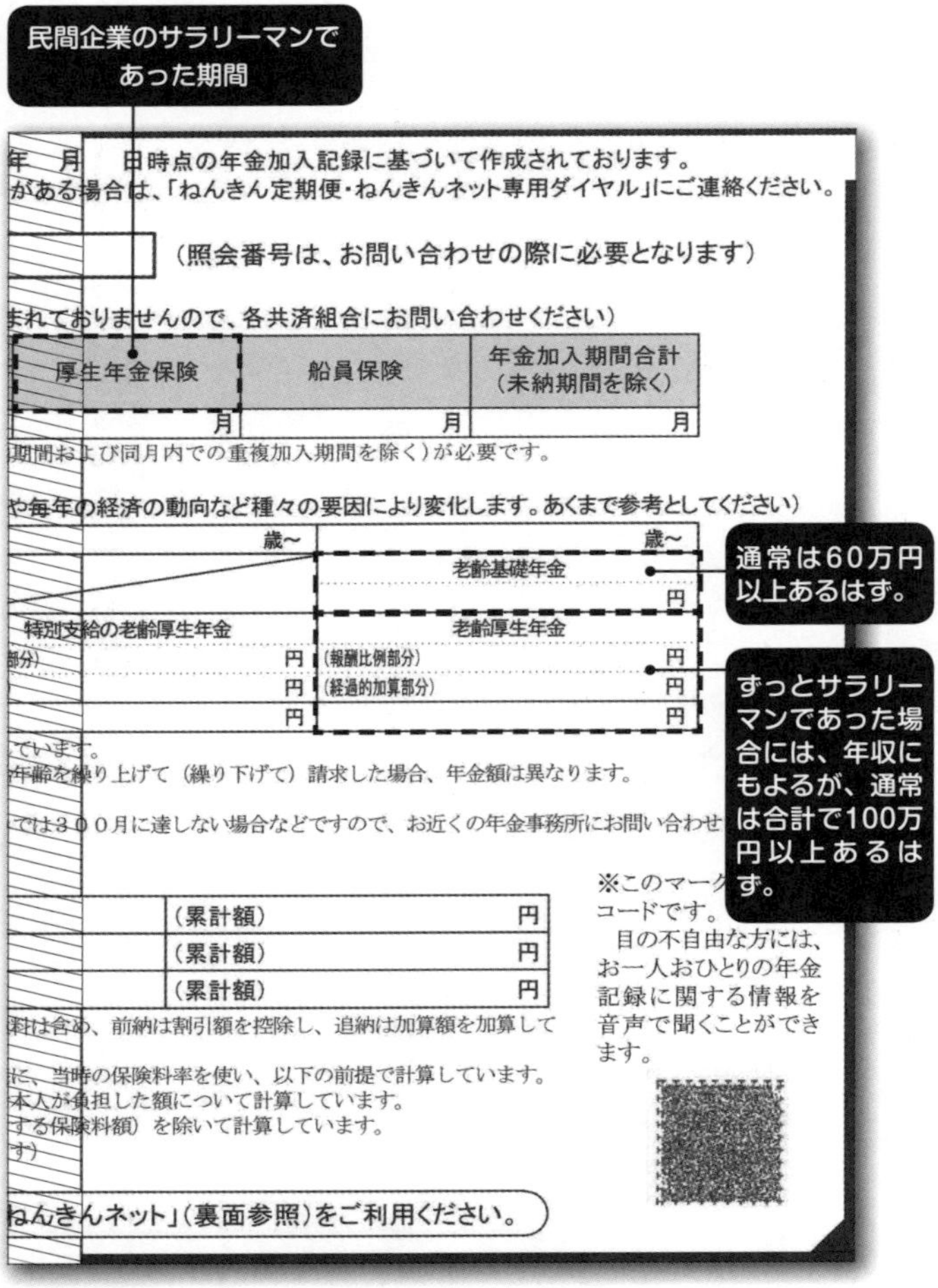

年　月　日時点の年金加入記録に基づいて作成されております。
…がある場合は、「ねんきん定期便・ねんきんネット専用ダイヤル」にご連絡ください。

（照会番号は、お問い合わせの際に必要となります）

…まれておりませんので、各共済組合にお問い合わせください）

厚生年金保険	船員保険	年金加入期間合計（未納期間を除く）
月	月	月

…期間および同月内での重複加入期間を除く）が必要です。

…や毎年の経済の動向など種々の要因により変化します。あくまで参考としてください）

歳～	歳～
	老齢基礎年金　円
特別支給の老齢厚生年金	老齢厚生年金
…部分）　円	（報酬比例部分）　円
…）　円	（経過的加算部分）　円
円	円

…ています。
…年齢を繰り上げて（繰り下げて）請求した場合、年金額は異なります。

…では３００月に達しない場合などですので、お近くの年金事務所にお問い合わせ…

	（累計額）	円
	（累計額）	円
	（累計額）	円

…料は含め、前納は割引額を控除し、追納は加算額を加算して…

…に、当時の保険料率を使い、以下の前提で計算しています。
…本人が負担した額について計算しています。
…する保険料額）を除いて計算しています。
…す）

※このマーク…コードです。
　目の不自由な方には、お一人おひとりの年金記録に関する情報を音声で聞くことができます。

…ねんきんネット」（裏面参照）をご利用ください。

民間企業のサラリーマンであった期間
通常は60万円以上あるはず。
ずっとサラリーマンであった場合には、年収にもよるが、通常は合計で100万円以上あるはず。

図04 年金定期便の見かた

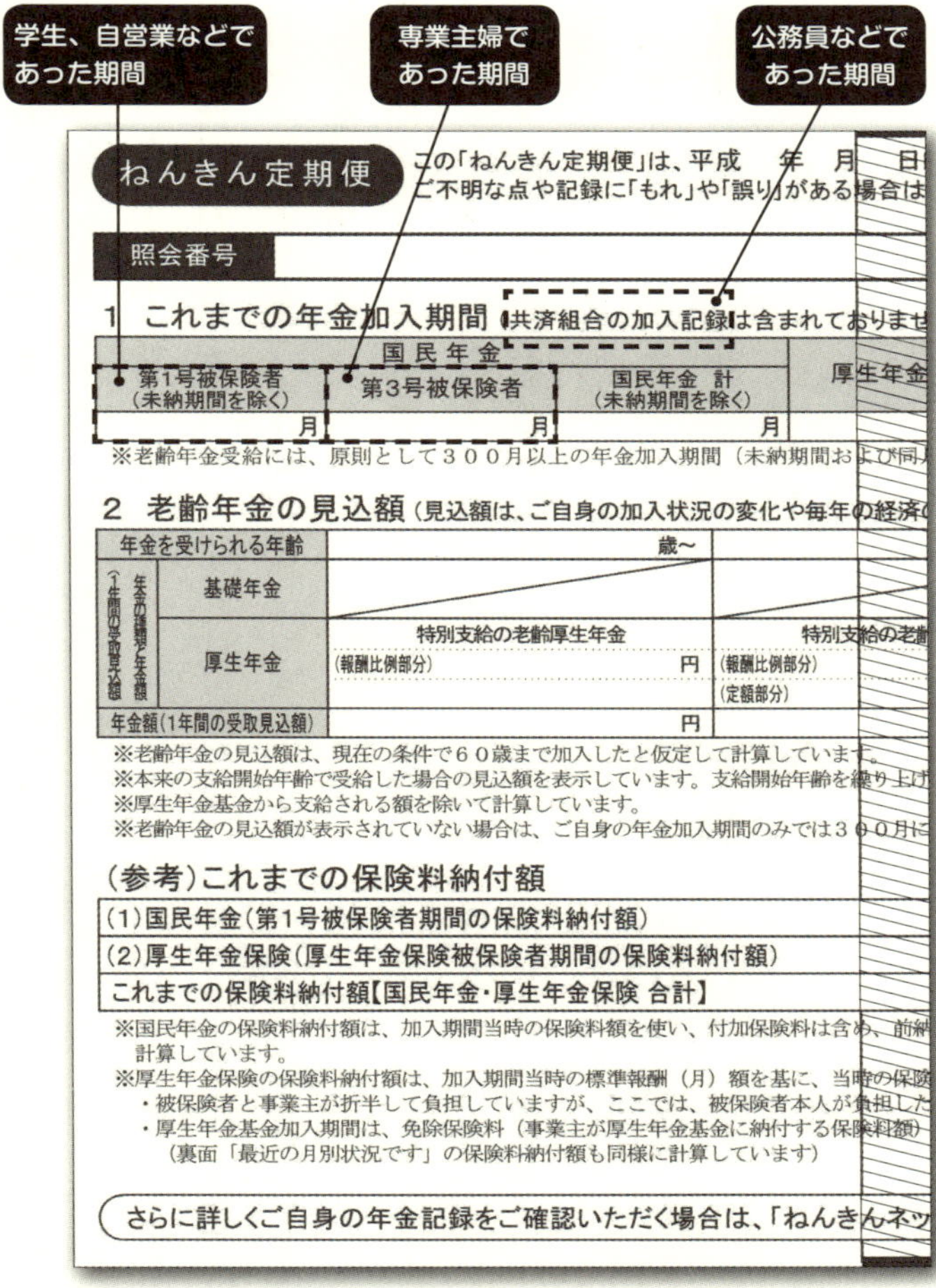

出所：日本年金機構／説明：筆者

年間就業した場合には、この3つの合計が、サラリーマンは16万円程度、サラリーマンの専業主婦は6万円程度あるはずです。妻がサラリーマンの経験がある場合には、妻にも老齢厚生年金があるので、もう少し多くなるでしょう。

この金額は、あくまで現段階の見込み額なので将来変化します。まず、今後の収入が増減すると、報酬比例部分が増減します。ただ、これは生涯の報酬の合計額に基づいて決まるので、たとえばリストラされて最後1年の所得が激減したとしても、報酬比例部分は微減で済みますので過度な心配は無用です。

年金加入期間が480カ月に満たない場合には、後納などの方法で480カ月に近づけることができます（次項参照）。そうすれば、年金受け取り額は増えていきます。

将来、インフレになれば、年金支給額はインフレに応じて増えますので安心です。ただし、マクロ経済スライドという制度があり、現在の想定よりも少子高齢化がいっそう進んだり、経済成長率が現在の想定よりも低かったりすると、「インフレ率ほどは年金支給額が増えない」ので、年金が目減りし、生活水準は落ちていくことになります。

まとめ

・「ねんきん定期便」は必ずチェックしましょう。
・受け取り予定額が極端に少なければ問い合わせをしましょう。

2章

3 満額受け取るために知っておきたいこと

公的年金は、老後の生活を支える最重要の柱です。特に、サラリーマンの場合は厚生年金ですから、金額的にも大きく、倹約すれば年金だけで生活することも不可能ではないでしょう。そして、年金が頼もしいのは、何歳まで長生きしても受け取れることと、インフレになったらその分だけ支給額が増えること（後述のようにマクロ経済スライドによって少しずつ目減りはしていきますが）です。まさに、「長生きとインフレのリスクに備える」という本書のコンセプトにピッタリの制度となっているわけです。

難点は、制度が若干複雑でわかりにくいことです。手続きを間違えたり、納付を怠ると受け取り額が減ったり、受け取れなくなりかねません。

厚生年金は、勤務先が自動的に保険料を天引きして納付してくれますから、間違いなどは少ないと思われますが、国民年金は自分で手続きする必要がある場合もあるので、漏れなどがあり得るのです。また、大学卒のサラリーマンなどは、学生時代に年金保険料を支払っていなかった人も多いと思われます。

そうした場合には、加入期間が40年に満たないため、国民年金の支給額が満額とはなりません。頼りになる年金ですから、ぜひとも満額受け取りたいものです。そのためには、過去2年分の未払い分を後納する制度もありますし、60歳を過ぎても65歳まで（例外的には70歳まで）自主的に国民年金保険料を支払い続けること（任意加入）も可能です。現役世代と同額を毎月納付するわけですが、これに加えて「付加年金」にも加入できますので、ぜひこれにも加入しましょう。

納付漏れでなくとも、年金関係の制度を勉強することで、「少し頑張れば受け取り額が大きく増える」ことに気付く場合もあり得ます。たとえば、**厚生年金は加入期間が20年を超えると夫婦それぞれに加算が付きますので、19年経過時点で退職するのは大変もったいない話です。**定年を迎えてしまった場合には、何としても1年間は再雇用してもらいましょう。それが無理でも、派遣社員などとして一定の条件（２０１６年10月から一部緩和される予定）を満たせば厚生年金に加入できるので、ぜひとも20年までは頑張っていただきたいものです。

まとめ

・国民年金は40年間の加入で満額が支給されます。
・加入期間が足りなければ、後納などの制度を活用しましょう。

2章 4

年金の受け取り時期は、先送りを

年金は、原則として65歳から受け取れます。しかし、希望すれば、受け取り開始時期は60歳と70歳の間で選ぶことができるのです。当然ですが、早くから受け取ると毎月の受け取り額が少なくなり、遅くまで待てば毎年の受け取り額が多くなります。**60歳で受け取りを始めると、65歳まで待った場合の70%しかもらえない一方で、70歳まで待つと142%もらえます。10年待つと、毎月の受け取り額が2倍になるのです。**

ちなみに、例外措置として、1961年4月1日以前に産まれた男性と1966年4月1日以前に産まれた女性は、上記に加えて報酬比例部分（厚生年金と国民年金の差額の部分。いわゆる「2階建ての2階部分」）を65歳になる前に受け取れます。

本書の基本コンセプトは、「長生きとインフレのリスクに備える」です。その目的に最もフィットしているのが公的年金ですから、その受け取り額を増やせるのであれば、ぜひそうすべきです。

そのためには、**「年金の受け取り開始を我慢するために退職金で食いつなぐ」ことが重要です。**「退職と同時に年金を受け取り始め、退職金を金融資産で運用する」場合、長生きしている間に資産が底を突いてしまう可能性もありますし、インフレで金融資産が目減りしてしまう可能性もあるでしょう。それよりは、年金受け取り額を増やすために退職金を使うほうが、ずっと安全です。

これに対しては、ふたつの反論が考えられます。第一は、「早死にしてしまったら、損になる」というものです。筆者としては、これに対し、「期待値がプラスの保険だと考えましょう」と返答しています。つまり、60歳から70歳までの間に受け取れるはずの年金を、「70歳以降の年金を充実させるための保険料として政府に払い込む」ということです。

火災保険は「火事が起きたときに保険金がもらえて儲かるが、火事が起きなかったら保険料の払い損になる」という賭けです。「火事が起きなかったら損になるから火災保険に加入しない」という人よりも「火事が起きて家がなくなるという非常に困った事態を避けられるなら、保険に入ろう」という人のほうが多いでしょう。同じことです。「早死にすれば損してしまうが、長生きしている間にインフレになって生活資金が枯渇するという非常に困った事態を避けられるなら年金の受け取りを遅らせよう」というわけです。

期待値の計算も重要です。通常の保険は、期待値がマイナスです。保険会社のコストや利益を保険料に上乗せしてあるのですから、当然のことです（112ページ参照）。しかし、厚生年金の受給を遅らせる行為は、期待値がプラスなのです。

60歳から20年受け取ると80歳です。70歳から10年受け取ると、やはり80歳です。つまり、80歳まで生きると、どちらを選んでも同じ額の年金が受け取れます（受け取り期間が、半分になる一方で毎月の受け取り額が2倍になるから）。80歳よりも長生きをすれば、待った人のほうが多くもらえるわけです（65歳受け取り開始と70歳受け取り開始の損得勘定は、少しだけ異なりますが、82歳よりも長生きすれば70歳受け取り開始が得になります）。

60歳時点の平均余命は、男性が23年、女性が28年です。ということは、期待値としても待ったほうが得になるのです。厳密に言えば、マクロ経済スライド（後述）などにより将来の年金は少しずつ目減りしていくことを考えると、男性の場合は期待値がプラスか否か微妙ですが、女性に関しては間違いなくプラスでしょう。

年金の受け取りを待つという選択肢に対しては、もうひとつの反論もあります。「少子高齢化で年金制度は破綻するだろうから、将来の年金は受け取れないと考えるべき」というものです。これに対しては、「筆者自身は年金が受け取れないとは考えていませんが、そう考える人もいることは理解しています。そういう人に年金を待つように言っても無駄でしょう」と前置きしたうえで、以下のように返答しています。

「そういう人は、株や銀行預金や国債などを持たずに、資産の大半を外貨にしておきましょう。政府が年金を踏み倒さざるを得ないような国では、銀行も企業も危ないだろうし、何よりも外国人投資家が円を外貨に換えて外国に逃げようとするだろうから、外貨が暴騰するはずです」というものです。

まとめ

・年金の受け取り開始を70歳まで待ちましょう。
・70歳まで待つと、毎月の支給額が42%増えます。

2章 5 年金の将来像はそれほど悲観的ではない

年金制度ができた頃の日本は、現役世代が大勢いたので、現役世代から保険料を徴収して高齢者に年金を支払うという「賦課方式」の制度ができました。その後、少子高齢化が進むと、支えられる高齢者が増え、支える現役世代が減り、困ったことになりました。このまま少子高齢化が進むと、年金制度が破綻しかねないのです。

そこで政府は、年金保険料を値上げしたり、年金受給開始年齢を徐々に引き上げたりしてきましたが、それに加えて「マクロ経済スライド」という制度を導入しました。これは、少子高齢化が予想以上に進んだり、経済成長率が従来の想定を下回ったりした場合などには、将来の年金の破綻を避けるために年金支給額を減らすというものです。

ちなみに2015年度は、本来インフレ分だけ増加するはずの年金支給額が、インフレ分より0・9%だけ少ない増加率となりました。今後についても同様の措置がとられる見込みです。

では、将来の年金はどうなるのでしょうか？　どの程度目減りするのでしょうか？　それについては、厚生労働省が２０１４年に予測を発表しています。いくつかのケースに分けてあるのですが、ここでは保守的に、最も悲観的なケースを見てみましょう。

物価上昇率で割り戻すと（実際には物価が上昇し、年金額も増えますが、物価上昇分を差し引いて、現在の物価水準が続いたものと仮定して計算すると）、２０１４年度には21・８万円であった夫婦の年金額（40年間厚生年金に加入していた普通の男性と専業主婦の場合）が22年後の２０３６年度には20万円になり、２０５５年度には17・８万円になります。年金の受け取り開始を70歳まで待てば、この金額が42％増えて25・3万円、年間では３０３万円になります。

無職高齢者世帯の年間の生活費は２７０万円ですから（世帯人数を二人に換算した場合。49ページ図01参照）、最も悲観的なケースでさえも、２０５５年まで年金で暮らしていけることになります。つまり、**現在すでに退職前後の年齢にある人は、老後は年金だけで暮らしていけそうだ、ということなのです。**

若い人にとっては、この試算は大いに不安でしょうが、40年後は猛烈な人手不足になっているでしょうから、高齢者も元気なうちは働くのが普通になっているはずです。そうなれば、年金の受け取りを75歳まで待ち、その代わり生活できるだけの年金を老後に受け取ることが可能になるでしょう。**少子高齢化も悪いことばかりではないので、若い人も過度な心配は不要だと**

思います。

まとめ

- 年金支給額は、マクロ経済スライドで少しずつ目減りしていきます。
- 受け取り開始が70歳ならば、40年後まで年金で暮らせます。

第3章

運用対象の基礎知識

次の第4章は、具体的な運用の例を示したマニュアルです。そこに出てくる運用対象についての基礎知識をあらかじめ本章で学んでおきましょう。本書は株（ETF）、外貨、物価連動国債、変動金利型国債などを勧め、生命保険、不動産投資などは勧めないのですが、その理由を理解していただければ幸いです。

3章 1 安全だがインフレに無防備な「預金」

預金は、最も基本的な資産運用手段です。普通預金口座を持っていない人はいないでしょう。金利は非常に低いのですが、何と言っても、いつでも引き出せるので手頃です。ただ、犯罪には気を付けましょう。ＡＴＭのカードを盗まれたり、インターネット・バンキングでパスワードを知られたりすると、残高を抜き取られる可能性があります。口座をふたつに分けて、ＡＴＭもインターネット・バンキングもできない口座を持っておくと、若干面倒ですが安心です。

定期預金は、「満期まで引き出さないと約束してくれたら、高い金利を付けます」という商品です。ただ、途中で資金が必要になった場合には、法律的にはともかく実際には、「高い金利は不要だから、解約させてほしい」といえば、大体の場合には資金は戻ってきます。

定期預金も、かつてはほとんどの人が持っていましたが、今は定期預金の金利も非常に低いので、持っていない人も多いかもしれません。

その他、当座預金、通知預金などもありますが、事業を営む人はともかく、普通のサラリーマンにはあまり縁がないものでしょうから省略します。

銀行が倒産しても、元本1000万円までの預金とその利息額までは原則として（外貨預金などは保証の対象になっていないので、注意が必要です）保証されています。これはペイオフ（預金保護）と呼ばれる制度で、政府や日銀が主導している預金保険機構が代わりに預金を払い戻してくれることになっています。1000万円以上の預金がある人は、超えた分が保護されないのか不安に思っているかもしれませんが、その場合には複数の銀行に分けて預けることで、保護の対象となります。本来であれば、それほど多額の資金があるならば、87ページで紹介する国債などに投資すべきでしょうが、今は国債も超低金利ですから預金でもかまわないでしょう。

ただ、**預金はインフレに対してまったく無防備です。**株や外貨と異なり、値下がりするリスクがないので安心だと思われがちですが、預金もリスクなのです。「株や外貨などを買うもリスク、買わぬもリスク」であることを、しっかり認識していただきたいと思います。

なお、銀行預金の利息に限らず、およそ金利は年率で表示されますから、注意が必要です。預金の中には金利が非常に高いものがありますが、金利4%の3カ月定期を100万円預けても、金利は1万円しかもらえません。金利4%の1年定期ならば、金利は4万円ですが、3カ月定期なので金利は4分の1の1万円しかもらえないのです。ここから税金を差し引かれるので、手取りは8000円弱です。

「投資信託を買っていただいた方には、キャンペーンとして金利4％の3カ月定期をプレゼントします」といったセット商品は多いのですが、気を付けないと、投資信託の購入時手数料（104ページ参照）のほうがずっと高かった、となりかねないのです。

まとめ

・庶民の銀行預金は銀行が倒産しても大丈夫です。
・しかし、銀行預金はインフレには無防備です。

3章 2 定期預金と似ている「普通の国債」

国債には、法律的には「個人向け国債」と「新窓販国債（一般向け）」という区別がありますが、それよりも重要なのは、発行された時点で利払い額と満期時（償還時）の支払い額が決まっているのか否かです。はじめに、決まっている「普通の国債」について記しましょう。

普通の国債は、法律的には定期預金とまったく違いますが、「決まった日に決まった利子を支払い、満期に元本を払い戻す」ところは定期預金と同じなので、利用者とすれば定期預金の代わりに国債を買うことも可能です。

普通の国債は、「満期に100円で償還します（100円を支払って国債という借金を返済します）。それまでの間は、毎年1円ずつ利払いを行ないます」という借用証書です。満期に支払われる金額（ここでは100円）を額面と呼び、毎年の利払い額を額面で割った値（ここでは年利1％）を「クーポン・レート」と呼びます。この国債を100円で買った人は、

１００円の投資に対して毎年１円（＝投資額の１％）の利子を受け取ります。これを「利回りが１％だ」と言います。

本書では、発行から償還までの期間が10年の新窓販国債を長期国債、その利回りを長期金利と呼ぶことにします。

国債の価格と利回り

長期国債の利回りは、人々が予想する「将来の短期金利の平均」です。たとえば人々が「将来の短期金利は上がったり下がったりするが、平均すれば１％だ」と予想していれば、現在の長期金利は１％になります。

期間１年の国債を購入し、満期になると償還金で新しい国債を購入する、という行動を10回繰り返すと、１００円が１１０円になります。一方で、政府が発行した長期国債のクーポン・レートが１％ならば、１００円が10年で１１０円に増えます。それならば、多くの投資家が長期国債を買うでしょう。しかし、クーポン・レートがそれより低ければ、１１０円にはなりませんから、誰も長期国債は買わないでしょう。

そうだとすると、政府は国債を発行する（＝借金する）ときに、「金利を１％払いますから貸してください」と言うはずです。それでめでたく取引成立です。

人々が、今後の短期金利の平均は2・2%だ、と予想しているとすれば、クーポン・レート2・2%の長期国債が発行され、無事に売れていくでしょう。

さて、国債は、預金と異なり、売買できます。特に、長期国債は活発に市場で取引されています。問題は、取引価格が額面とは限らないことです。

発売の翌日にこの国債を90円で買った人がいるとします。その人は、満期に100円もらえますから、買値との差額10円だけ儲かります。10年かけて10円の儲けですから、1年あたり1円です。これに加えて、毎年1円の利払いを受け取りますから、儲けは合計2円です。投資額は90円ですから、利回りは2÷90＝2・2%になります（プロたちの計算は少し複雑ですが）。

では、この国債が市場で90円で売買されるのは、どういう場合でしょうか？ それは、インフレになると人々が予想する場合です。国債が発行された後に、人々がインフレを予想するようになると、国債を安く売る人が出てくるのです。

インフレになると、日銀がインフレを止めるために（あるいは予防するために）、金融を引き締めます。その結果、短期金利が上昇します。すると、期間の短い国債の利回りも上昇します。

人々の予想する「将来の短期金利の平均」が昨日から今日にかけて、1%から2・2%

に上昇したとします。今や、新しく発行される長期国債の利回りは2・2%です。そんなときに、昨日発行された利回り1%の国債を額面の100円で買う人はいません。しかし、90円なら買う人はいるでしょう。今日発行された国債を100円で買っても、昨日発行された国債を90円で買っても、利回りは2・2%だからです。つまり、昨日発行された国債を買った投資家が、資金が必要になって手持ちの国債を売ろうとすると、90円でしか売れない、ということになります。

反対に、長期金利が2・2%のときに発行された長期国債を買った人は、10年間に受け取れる金額が122円ですから、長期金利が1%に下がってから国債を売れば、112円で売れることになります。あたらしく発行された国債を買っても10年間で110円しか受け取れないので、「その差額分だけ高くても買いたい」という人がいるからです。

つまり、人々がインフレを予想しているときに長期国債を買って、人々がインフレを予想しなくなってから長期国債を売れば儲かりますし、その逆であれば損をするというわけです。

以上が国債の価格と利回りに関する基本的な考え方ですが、実際には需給関係によって価格や利回りが動くこともあります。たとえばアベノミクスによる金融緩和で、日銀が巨額の国債を購入したため、価格が「予想短期金利から導かれる水準」より高くなり、

利回りが「予想短期金利から導かれる水準」より低くなったと言われています。

昨今の長期金利は非常に低い水準で推移しています。たとえば2015年6月末現在、長期金利は0・4%程度です。日銀総裁がインフレ率（＝消費者物価上昇率）を2%にすると宣言しているときに、これはあまりに低すぎます。市場関係者の予想するインフレ率も2%より低く、1%強とされています（後述のBEI参照）が、それと比べても明らかに低すぎる水準です。

利回りが「あるべき水準」よりも極端に低い理由はふたつあります。ひとつは、短期金利が当分の間ゼロで推移すると思われていることです。長期金利は予想される短期金利の平均ですから、その分だけ長期金利も低くなるわけです。

消費者物価指数が2%になるまでゼロ金利を続けると日銀総裁が宣言していることは、それまでの間は金利が物価上昇率よりも低い状態が続くということです。つまり、銀行に預金しても短期国債を買っても長期国債を買っても、結局インフレのせいで資産が目減りしていくことは避けられないわけです。仕方ないので、**現金や預金や長期国債は、あまり持たないようにするべきでしょう。**

もうひとつは、日銀が「量的緩和政策」として大量の長期国債を購入していることです。日銀があまりに大量の国債を買うので、「買い注文が売り注文より圧倒的に多く、価格が大幅に上昇」しているのです。言い換えれば、長期金利での資金の貸借の市場で、日銀があまりに大量に貸し出すので、「貸し注文が借り注文より圧倒的に多く、金利が大幅に低下」しているのです。これは、日銀が金融緩和をやめた時点で長期金利が大幅に上昇するだろう、ということを意味しています。長期国債を買うのは、そうなってからで充分です。**今の非常に低い金利で10年間も資金を固定させるべきではありません。長期国債での資産運用は、当分の間は考えないことにしましょう。**

なお、2年物、3年物の国債は、銀行の2年定期、3年定期よりも安全で利回りも高いので、本来ならばお勧めなのですが、昨今のような超低金利時代には、国債購入の手間を考えると、銀行預金でまったくかまわないと思います。

まとめ

- 普通の国債の利回りは、予想される将来の短期金利で決まります。
- もっとも、国債の需要と供給の関係も、国債利回りに影響します。

3章 3 インフレに強い「物価連動国債」など

国債の多くは、発行されたときに利払い額と償還額が決まっています。しかし、例外がふたつあります。ひとつは**物価連動国債**です。これは、償還額が償還時の物価水準によって変化するというものです。消費者物価指数が100のときに発行された物価連動国債は、償還時の消費者物価指数が150になっていれば、150円で償還されます（＝額面100円分につき、償還時に150円が支払われます）。償還時の消費者物価指数が100以下であれば、100円で償還されます。

この国債は、利払い額は小さいですが、インフレになれば償還額も増えるので、「インフレになっても金融資産が目減りしない」という意味では、心強い味方です。ただ、問題は、額面100円の国債が100円で買えるとは限らないことです。たとえば2015年6月末現在、額面107円程度で売買されているようなので、これを購入して10年間インフレが来ないと、7円の損が出ることになります。この7円部分は「保険料」だと考えていいでしょう（実際には複雑なのですが、説明はコラムに譲ります）。

さて、今後10年間のインフレ率が2％になったとします。107円で買った物価連動国債が120円で償還されますから、大きな儲けが得られます。これにより、金融資産がインフレで目減りすることを防げたことになります。一方で、インフレ率がゼロであったとすると、100円でしか償還されませんが、がっかりすることはありません。他の金融資産が目減りしなかったのですから、それはそれで悪くなかったと考えましょう。

したがって、**インフレに備える強い味方として、物価連動国債は積極的に購入すべきと考えます。** ただし、2016年秋頃までは、取り扱い証券会社が限られていて、しかも1000万円単位でしか購入できない可能性があることには留意が必要です。

物価連動国債の価格

物価連動国債の売買をする投資家は、将来の物価上昇率を予測しています。予測の結果が1％で、長期金利が0・3％だとしましょう。物価連動国債の利払いはゼロだとしましょう。

100円で普通の長期国債を購入すると、10年後に103円になりますから、3円の儲けです。１００円で物価連動国債を買うと、10年後に１１０円になります。したがって、投資家たちは物価連動国債を欲しがります。ところが、政府が物価連動国債を発行する量（供給）は限られているため、入札となります。１０６円で落札できれば４円の儲けですから、長期国債を買うより儲かります。しかし、１０７円で入札する投資家も多いでしょうから、１０６円で入札しても落札はできないでしょう。一方、１０８円で落札しても２円しか儲からないので、１０８円で入札する人はいません。こうして物価連動国債の価格は１０７円に決まるのです。

市場の常として、価格は「どちらを買ったらいいか迷ってしまう」ように決まります。どちらかが明らかに儲かるようであれば、そちらに買い注文が殺到して価格が上がるはずだからです。つまり、通常の長期国債を買うのか物価連動国債を買うのか迷ってしまう水準に物価連動国債の価格が決まるのです。

さて、実際には人々が予想しているインフレ率は、公表されているわけではなく、アンケート結果なども信頼できるものが少ないのですが、発想を転換してみると、物価連動国債の価格と長期金利がわかれば、「市場参加者の予想しているインフレ率」が計算できることになります。こうして計算された結果はＢＥＩ（ブレーク・イーブン・インフレ率）と呼ばれ、重要な数値として各方面で注目されています。

ところで、考えてみると、物価が1%上がるときに長期金利が0・3%というのは到底「正しい長期金利」とは言えません。正しい長期金利は、当然1・0%以上であるはずです。長期国債の投資家は、その差額だけ「損をしている」ことになります。物価連動国債の投資家は、その損がない分だけ、「インフレにならなかった場合に被る損」の分を購入時に支払っているというわけです。本文で「保険料」と記した部分は、じつはこれだったのです。

発行されたときに利払い額と償還額が決まっている国債の例外のふたつ目は、**変動金利型国債**です。これは、期間10年の個人向け国債で、償還額は決まっていますが、毎回の利払い額がその時々の金利水準を映じて決まるのです。具体的には、発行日および半年ごとの利払い日に「当日の長期金利（10年物の普通の国債の利回り）の0・66倍」を「今後半年間の金利」と決めるのです。

本書執筆時点（2015年6月末）では、長期金利は0・4%程度ですから、今後半年間の利払いは0・3%程度となります。これは、半年間の定期預金金利より高いですし、残存期間半年の国債の利回りより高くなっています。普通の国債を買った場合に受け取れる長期金利よりは当然低いですが、将来インフレになって金利が上昇したときには受け取り金利が増える点が、普通の国債と比べた大きなメリットとなります。インフレになると日銀が金融を引き締めるので、短期金利が上昇し、その影響で長期金利も上がるので、変動金利型国債の利払い額も増えることになります。つまり、将来のインフレのリスクに対応した商品なのです。

なお、購入してから1年経過すれば解約できますが、途中で解約する場合には、最後の2回分の利払い額を返却する必要があるので、注意が必要です。インフレになり金利が高くなっているときに解約することになると、大きな損失となりかねませんので、10年間は換金しないという覚悟で購入する必要があるわけです。

物価連動国債と比べた変動金利型国債のメリットは、結果的にインフレにならなくても元本は戻って来て（保険料に相当する部分がない）、しかもある程度の金利が受け取れる、ということです。たとえば2015年6月末の状態が今後10年続くとすると、長期金利が0・4％程度ですから、その0・66倍である0・3％の金利を受け取り続けることになります。すると100円が103円になります。明らかに物価連動国債よりはよい結果です。

もちろん、黙って長期国債を購入すれば100円が104円になるのですが、その差はインフレになった場合に備えた保険料だと考えましょう。こう考えると**変動金利型国債も、積極的に投資する対象と考えていいでしょう。**

もちろん、物価連動国債に劣っている点もあります。途中で換金した場合には最後2回分の利払い額を返還する必要があることです。また、本格的なインフレが来た場合には、金利の上昇がインフレ率に追い付かない可能性もあるので、物価連動国債のほうが確実にインフレのリスクに対応してくれます。

このように、**変動金利型国債と物価連動国債は一長一短ですから、分散投資として両者をバランスよく持つべきでしょう。**その際、途中換金しそうな分は物価連動国債で持つことを忘れないようにしましょう。

まとめ

- 物価連動国債はインフレには強いですが、インフレにならないと損します。
- 変動金利型国債は、最低でも投資額は戻ります。
- 物価連動国債と変動金利型国債に分散投資するべきでしょう。

3章 4 インフレに備えるために「株式」を持つ

株式は、会社の持ち分です。株主は、会社の利益の分け前として配当を受け取ったり、会社が解散したときには資産を売って負債を返した残金の分け前に預かったりします。

上場会社の株式は、証券会社などで売買できますから、これを購入することで配当が受け取れたり、値上がりした場合には値上がり益が得られたりします（値下がりした場合には損をしますが）。

株価は、大きく分けてふたつの要因により、変動します。価値の変化による価格の変化と、噂や思惑による価格の変化です。

株式会社は、株主から集めた資金と銀行から借りた資金と集めた労働力を用いて価値を生み出し、それを株主への配当と銀行への金利と労働者への賃金という形で還元するわけです。生み出された価値のうち、分配されなかったもの（内部留保）は会社の価値の向上による株価上昇として株主に還元されることになります。

価値の変化を求めるのであれば、日々の株価は気にせず、投資先企業が順調に利益を上げているか否かだけを注視しましょう。これならば、大した手間はかかりませんし、ある程度理屈通りに株価が動きますから、株価の大きな流れを予測することは不可能ではありません。

会社が儲からなくても、インフレになれば、インフレ分だけ株式の価値は上がります。会社の持っている資産の価値も売上げもコストも利益もすべてインフレで増えますから、株式の価値もその分だけ上がるのです。株式がインフレに強い資産だ、と言われる所以です。

こうして、会社の価値が増加していくことにより株価が上昇していく場合のほか、会社の価値には何も変化がないのに株価が上下する場合があります。極端な例はバブルですが、皆が上がると思うから買い注文を出し、それにより株価が上がる、ということは日常的に起きています。

たとえば、アベノミクスにより日経平均株価は2倍以上になりましたが、この間で日本企業の価値が2倍以上になったとは到底考えられませんから、この間の価格の変化の大部分は価値の変化をともなわない噂や思惑による変化だったものと思われます。つまり、アベノミクス前は人々が「株価は上がらないだろうから、買い注文を出すのはやめておこう」と考えていたのが、アベノミクスになってからは「株価が上がりそうだから買い注文を出そう」と考えるようになった、ということです。

株式投資に価格の変化を求めるのであれば、株式市場に流れる噂を追い求め、市場参加者の思惑を先読みして、他人より一瞬でも速く売買の注文を出す必要がありますが、これはプロの投資家やベテランのデイトレーダーとのガチンコ勝負になりますから、不慣れな投資家には到底お勧めできません。

では、価値の変化を追う長期投資を行なうことを前提に、老後資金の投資先としての株式のメリットとデメリットを考えてみましょう。

株式投資のデメリットは、株価が比較的大きく変動することです。景気が変動すると、企業収益が増減しますから、株価も上下します。しかし、景気が悪いときには金融が緩和されるので、世の中にお金が大量に出回り、その一部が株式投資に廻ると「不景気の株高」といった現象が生じることもあります。景気はある程度予測できますが、景気が株価に及ぼす影響は複雑なので、株価の予測は容易ではありません。

インフレと株価の関係も、一筋縄ではいきません。インフレになると、日銀は金融を引き締めて、物価を抑えるために景気をわざと悪化させます。金融引き締めにより金利が上昇すると、株式投資と比べた国債購入の魅力が増すため、株価には下落圧力がかかります。しかしインフレが収まると金融が緩和され、株式の国債に比べた魅力が高まるため、株価は大きく上昇します。したがって、短期的にはインフレに強いとは言えませんが、長期投資をしていれば株価はインフレ分だけ上昇することになるのです。

さらに問題なのは、市場の噂や思惑が株価に大きな影響を与えることです。これは理屈ではありませんから、市場の噂や思惑を常にウォッチしていないといけませんし、噂の輪の外にいると、何が起きているのか理解することも困難でしょう。

個別銘柄に投資する際は、企業ごとの盛衰も重要です。ある産業が伸びるだろうと予測しても、その産業の中のどの企業が勝ち組に入るのかを予測するのは容易ではありません。敗者についても同様で、安泰と思われていた企業が大事故を起こして突然株価が暴落することもあり得るでしょう。

一方、**株式投資の最大のメリットは、インフレに強いことです。**株式は会社の持ち分ですから、インフレになって会社の売上げも仕入れも人件費も保有資産価格も2倍になれば、会社の価値も2倍になります。

もちろん、短期的には景気循環や噂や思惑などによる価格の変化があるでしょうが、長期的に見れば、こうした部分は均《なら》されて、価値の変化が株価の変化をもたらすようになるでしょう。銘柄別の騰落も、数多くの銘柄に分散投資すれば均されるでしょう。

配当利回りが預貯金よりも高いという点も、長期投資を前提とすれば、大きなメリットと言えるでしょう。

まとめ

- 価格の変化を求めず、価値の変化を求めて長期投資をしましょう。
- 株価が大きく変動することは株式投資のデメリットです。
- インフレに強いところが株式投資のメリットです。

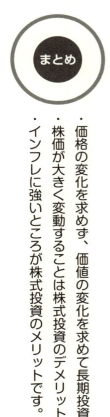

3章

5 プロが運用する「投資信託」で分散投資

投資信託とは、多くの投資家から少しずつ資金を集め、プロ（ファンドマネージャー）が運用して成果を投資家に還元するものです。「日本株に投資します」「米国株に投資します」といった投資信託が販売されているので、投資対象の大まかな範囲は投資家が決め、実際の銘柄の選択や売買はプロが行います。

初心者は株式投資に際して、銘柄選びが大変ですし、株式投資は取引単位が大きいので普通のサラリーマンには分散投資は難しいですが、**投資信託であれば、プロが銘柄を選んでくれますし、小口資金で購入でき、しかも多くの銘柄に分散投資できる**ので、大変便利です。

ただ、**難点は手数料が高い**ことです。ファンドマネージャーへの報酬の他に、投資信託を販売している銀行や証券会社などにも費用を払わなくてはならず、これが無視できないコストなのです。この費用には、購入時に1回だけかかる「購入時手数料」と、保有期間中にかかる「運用管理費用（信託報酬。毎年徴収される年会費のようなもの）」などがあります。

投資信託は、プロが慎重に投資対象銘柄を選定する「**アクティブ・ファンド**」と、たとえば日経平均株価どおりに価格が上下する「**インデックス・ファンド**（パッシブ・ファンドとも呼びます）」に大別されます。

前者はプロが銘柄を選ぶので、値上がりする確率は高いですが、手数料が高いので、手数料差し引き後のリターンは必ずしも高いとはかぎりません。一方で後者は、たとえば日経平均株価の算定に使われる225銘柄の株式を全銘柄1000株ずつ買う、といった比較的単純な作業なので、プロに支払う手数料率が低くなっています。

ちなみに、銀行で購入した投資信託などは、銀行が倒産しても大丈夫ですが、値下がりするリスクは常にあります。**高齢者には「銀行で売っているものは安全だから、元本が必ず戻ってくる」と誤解している人もいるようですが、大きな間違いです。**銀行も投資信託を販売する際には値下がりのリスクをきちんと伝えることになっていますが、客側に思い込みがあったりすると、誤解したまま購入してしまう例もあるようです。

インデックス・ファンドには、通常の投資信託と並んで、上場されている投資信託もあります。これはＥＴＦと呼ばれるもので、**通常の株式と同様に売買されています。手数料が通常のインデックス・ファンドよりもさらに安いのでお勧めです。**特に、運用管理費用が安く、長期投資にはメリットが大きいと言えるでしょう。

もっとも、ＥＴＦは銀行では買えず、証券会社に口座を開設しなければいけません。また、インターネット証券は別として、普通の証券会社では取引手数料が「取引額の１％を手数料とするが、取引額の１％が２０００円以下の場合は２０００円を手数料とする」といった決まりがある場合が多いので、注意が必要です。毎月２万円ずつＥＴＦを購入すると、２万円につき２０００円の手数料がかかってしまいますので、そういう場合は（時間分散を少しだけ犠牲にして）１年分まとめて購入するしかありません。

こうしたことを考えると、ＥＴＦではないインデックス・ファンドを選択する読者もいると思います。一応、第４章のモデルケースではＥＴＦを購入することにしましたが、そのあたりは読者の判断でかまわないと思います。マメな人は、毎月少額のインデックス・ファンドを購入し、残高が一定額になったらＥＴＦに乗り換える選択肢も検討してみてください。時間分散が図れると同時に手数料も安くなります。購入時手数料は２回かかりますが、長期投資をするのであれば、「年会費」が安いほうが重要ですから。

投資信託に関して筆者が奇妙だと思うのは、毎月分配型商品の人気の高さです。価格が変動する資産に投資するのですから、「毎月確実に利益が出るから、それを分配します」ということはあり得ません。つまり、「利益が出たら配当します。利益が出なくても（損が出ても）、お客様からお預かりしている資金の一部を返却します」というのが毎月分配型投資信託なのです。

筆者なら、プロに手数料を支払って運用してもらっているのですから、預けた全額を全力で運用してほしいと思います。儲かったときならばともかくとして、損したときでも「配当」がもらえる商品は、筆者なら買いません。

「毎月分配金がくると、小遣いがもらえるようで嬉しい」「毎月の生活費が振り込まれるのは便利だ。いちいち必要額の分だけ解約するのは面倒だ」などと考える人もいるのでしょうが、本書の基本的な姿勢は、「70歳以降は原則として年金で生活し、不足分がある場合にのみ金融資産の一部を取り崩す」というものですから、**毎月分配型は不要（有害）**だという立場です。

ちなみに、日本で売れている投資信託は毎月分配型、アクティブ・ファンドで、米国で売れている投資信託はパッシブ・ファンド（毎月分配なし）です。運用管理費用（信託報酬）は、当然のように、米国で売れているものは安く、日本で売れているものは高くなっています。米国人のほうが昔から投資信託に慣れ親しんでいるだけ、投資が合理的なのかもしれませんね。

まとめ

・株式投資の分散投資なら、投資信託が便利でお得です。
・普通の投資信託とETFは一長一短です。

3章

6 インフレに備えて「外貨」を持とう

外国為替相場（米ドルの値段など）は、株価と同様で、非常に複雑な動きをします。短期的には人々の噂や思惑が非常に重要ですし、「皆が上がると思うと皆が買うから実際に上がる」といったことが頻繁に生じています。

しかし、長い目で見ると、やはりそれなりの「あるべき水準」というものは存在します。基本的には「日本と米国の物価水準が等しくなるように決まる」のです。たとえば1米ドルが１０００円になれば、ほとんどすべての物について日本製品が米国製品より安くなるので、日本の輸出が激増して、輸出企業が持ち帰った米ドルを売りに出すので、米ドルは値下がりしていくでしょう。1米ドルが10円ならば、反対に日本の輸入が激増して、輸入企業の米ドル買い注文により米ドルは値上がりしていくでしょう。

戦後、1米ドル３６０円であったものが、最近は1米ドルが１２０円程度で推移していますが、これは戦後の米国の物価上昇率が日本よりも高かったため、米ドルの値段が一定だとすると日本製品が米国製品よりも競争力が強くなり、日本の輸出が増え、輸出企業の米ドル売りにより米ドルが安くなってきたということなのです。

さて、「老後の生活に備える観点からインフレに強い資産を持とう」という本書の基本コンセプトに照らして考えてみましょう。日本がインフレになり、物価が2倍になったとします。日本の輸入が増え、米ドル高円安が進むでしょう。つまり、米ドルを持つことは、インフレに対する備えになるのです。

日本経済の長期的な見通しからも、外貨を持つことは望ましいと思われます。今後の日本経済は、少子高齢化による労働力不足に悩む時代となります。そうなると、少ない現役世代が大勢の高齢者に財やサービスを供給することになり、物不足になります。そうなると、物の値段が上がってインフレになりやすいでしょう。あるいは、不足分を輸入しようとすると、外貨買い需要が増えて外貨高になるでしょう。

外貨を持つことは、大災害への備えにもなります。今後30年以内に大地震が起きる確率は結構高いと言われています。大地震が起きて大都市が壊滅的な打撃を受けると、貿易収支が巨額の赤字となるでしょう。工場の生産が止まって輸出ができなくなる一方で、復興資材の輸入が激増するからです。そうなれば、大幅な外貨高になるでしょう。

外貨を持つことは、国債暴落への備えにもなります。日本政府は巨額の借金を抱えているので、いつの日にか、「日本政府は破産する」という噂が流れ、国債保有者が一斉に国債を売却する可能性があります。そうなった場合には、政府が破産するような国の通貨は持っていたくないので、多くの人が円を外貨に換えようとするでしょう。特に外国人は円を外貨に換えて本国に持ち帰ろうとします。そうなると、外貨が猛烈に高くなるでしょう。

国債が暴落するときには日本株も暴落するでしょうから、株式投資の分は大損となるでしょうが、外貨高によってその損を埋めることができれば、これこそ分散投資のメリットということになるでしょう。

こうして考えると、**老後の生活資金の投資先として、外貨は非常に重要です。**

米ドル以外の通貨についてはどうでしょうか？　ユーロや英国ポンドなどは、分散投資として少しならば持ってもかまわないと思いますが、ギリシャ国債がデフォルトしたり、スペイン国債が暴落したり、さまざまなことが起こり得ますから、投資対象は慎重に選びましょう。ドイツ国債と英国国債あたりで無難に運用することが望まれます。

まして、**高金利通貨は避けるべきです。**第1章で示したように、**リターンの高い資産は必ずリスクがある**のです。高金利通貨は、リスクがあってプロの投資家が買わないから金利が高いのです。そうしたものに、大切な老後の資金を投資すべきではありません。

なお、外国の株式は、外国のインフレに備えるという観点からすると重要な投資対象です。また、少子高齢化で経済が縮んでいく日本と比べると、世界経済のほうが将来性は高いようにも思われます。そうだとすれば、外貨の一部を外国株式の投資に振り向けることも合理的です。その場合には、外国株のETFを購入することになるでしょう。具体的には、米国株でもいいですし、先進各国の株式に投資するのであれば、MSCIコクサイ連動型ETFに投資することも要検討でしょう。ちなみにMSCIコクサイというのは、日本を除く先進22カ国の株式を対象とした平均株価のことです。

外貨資産のうち、株式投資に用いない分については、本来ならば米国国債を購入すべきなのでしょうが、昨今は米国も超低金利時代ですので、国債ではなくMMF（Money Market Fund）を購入しておきましょう。

まとめ

- 外貨はインフレのときに頼りになります。
- 外貨は大災害などのリスクにも強いです。
- 高金利通貨は避けましょう。せいぜいポンドかユーロです。
- 外国の株式もインフレへの備えとして重要です。

3章 7

じつは「保険」の必要性は低い

本書は、**退職前後のサラリーマンにとって生命保険は不要**という立場です。そもそも保険は、期待値がマイナスです。保険会社のコストや利益を上乗せして保険料率が定められているのですから、当然のことです。それでも人々が保険に加入するのは、「万が一のときに、非常に困った事態に陥るリスク」を避けるためです。

では、退職前後のサラリーマンが万が一死亡したとして、残された家族は路頭に迷うでしょうか？　退職金（または死亡退職金）が支給されますし、遺族年金も妻の国民年金も遠からず受給できるでしょう。子どもたちも多くの場合、独立できる年齢でしょう。

そうであれば、わざわざ期待値がマイナスの保険に加入する必要はありません。保険会社に社員の給料や利益を寄付しているようなものです。しかも、保険会社の「手数料」はかなり割高のようです。手数料率が開示されているものについては、投資信託関連の手数料と比べても株式の売買手数料と比べても、はるかに高く、銀行の利ざや（貸出金利と預金金利の差）と比べても非常に大きいように思われます。さらに問題なのは、手数料率が開示されていない取引が多いことです。おそらく、開示できないほど高い手数料率なのでしょう。

一例として、定期保険（掛け捨ての死亡保険。保険期間10年、死亡保険金3000万円、男性30歳）について見てみましょう。各社ともほぼ同条件の保険を販売しており、その中でライフネット生命は相当安いほうです。その保険料は月額3484円なのですが、その内訳が発表されていて、原価に相当する純保険料（顧客に保険金などとして払い戻されるであろう金額の期待値）が月額2669円ですから、経費などにあたる部分は815円になります。銀行や証券会社などの諸手数料と比べて非常に高い水準なのですが、おそらく他社はさらに高いと思われます。

それ以外にも、保険契約に加入して直ちに解約すると、払込金額よりも数%少ない金額が戻ってくると言われています。この部分は事実上の販売手数料になりますが、これも投資信託などの販売手数料に比べて相当高いと言えるでしょう。

生命保険には、細かい字で書かれた長文の契約書が付いています。ここにも罠が潜んでいる場合が多いので、慎重な検討が必要です。**「保険機能が付いていて、しかも銀行預金よりも高い利回りです」という保険商品を銀行の窓口で販売している場合もあるようですが、これはど**

う考えても何かあるはずです。

銀行業界も競争は熾烈ですから、預金者にはそれなりの金利を支払わないと預金が集まらないはずです。最近の銀行預金の金利がゼロなのは、金融緩和で銀行間金利が下がっているからで、決して預金者を食いものにしているわけではないでしょう。それなのに、生命保険会社がそれ以上の金利も支払い、しかも死亡時の保険まで付いているというのです。生命保険会社が損を覚悟で大サービスしていることも考えにくいでしょう。そんなことを続けていたら倒産してしまうからです。

これには、からくりが3つあります。ひとつ目として、銀行預金と生命保険契約は期間が異なります。一般に期間が長いほど金利が高くなるので（銀行預金で、3カ月定期預金と3年定期預金を比べれば、通常は後者が高いはずです）、単純な比較はあまり意味がありません。期間が長い生命保険契約の利率は、期間20年といった長い期間の国債の利回りと比較する必要があるのです。

ふたつ目は、銀行預金の金利と生命保険会社の利回りは、計算方法が異なることです。銀行の金利は、支払った利息金額を預金金額で割った値なのですが、生命保険会社の利回りは、契約者が払い込んだ金額から生命保険会社のコスト（人件費、物件費、支払われた死亡保険金など）を差し引いた後の金額を分母にして割り算をした値なのです。契約者が払い込んだ金額を分母にして計算すれば、銀行預金金利よりも低いかもしれません。

もうひとつ、保険契約書をよく読まないとわかりませんが、たとえば「満期前に解約すると高額の解約手数料がかかります」といったことが書いてあるかもしれません。

生命保険は、さまざまな税法上の優遇措置がありますが、そのひとつとして、**相続税が安くなる（相続人1人あたり500万円まで非課税）というメリットがあります。これをセールストークにされる場合もありますが、注意が必要です。**まず、庶民は相続税がかかったとしても、税率はそれほど高くありません。しかも、節税対策はさまざま考えられます（第7章参照）から、わざわざ生命保険に加入して会社に経費と利益を献上する必要はないのです。

一例として、あるセレブに見せられた契約書には、「日本の債券で運用します。元本は保障します。手数料は年間数%かかります」とあります。今の日本の債券で運用しても、年間数%稼げるはずはありませんから、要するに「預かった現金はそのまま返します。ただし、相続後に相続人に渡しますので、相続税はかかりません」ということです。「今は超低金利時代なのでかまいませんが、セレブが存命の間にインフレ・高金利時代が来たら大損ですよ」と申し上げたらがっかりしておられました。セレブは相続税の税率が高いので、まだいいですが、一般の庶民はそうした契約に加入すべきではないでしょう。

住宅ローンの残高が残っていると、自分が死亡したときに家族が自宅を追い出されて路頭に迷うのではないかと心配する人もいるでしょうが、銀行が住宅ローンを貸し出す際には、借り手が死亡しても融資が回収できるように、住宅ローン相当額の生命保険（団体信用生命保険）の契約を結ばせるのが普通です（フラット35などの場合、例外あり）。念のため、住宅ローンを借りたときの書類一式を調べてみれば、生命保険への加入が必要か否かわかると思います。

類書の中には、「唯一の遺産が被相続人の自宅であり、自宅には長男夫婦も同居している場合、長男夫婦が自宅を相続すると次男夫婦が不満を持つでしょう。その場合には、生命保険に加入して受け取り人を次男にしておけばいいのです」といった記述が散見されますが、自宅以外の資産がない人は生命保険の保険料が支払えないでしょう。反対に、生命保険の保険料が支払えるのであれば、その分を貯金しておいて次男への遺産とすればいいのです。いずれにしても、類書の立場は本書とは異なります。

以上のように、**原則として生命保険は不要ですが、すでに加入している生命保険を、直ちに解約するか否かは慎重に検討しましょう。**解約すると損失が出る（保険会社に事実上の解約手数料を差し引かれて、満期まで待った場合に比べて払戻金が格段に小さくなる）という可能性も大きいからです。また、**１９９４年以前に加入した保険については、利回りが非常に高いので解約すると損となる場合もあります。**これも慎重に検討しましょう。

解約しない場合にも、「払済保険にする（契約は維持するが、毎月の払い込みなどは今後は行なわないこととする）」、付加的な医療特約などは外してもらうなど、保険会社と相談してみましょう。

ここまで、さまざまな理由を示して、生命保険への加入は得でないことを記してきました。しかし、何らかの理由があって（読者がまだ若いか、そうでなくとも晩婚で子どもが小さいなど）、上記にかかわらず生命保険に加入する場合もあるでしょう。

その場合には、掛け捨て保険にしましょう。貯蓄型保険は、「掛け捨て保険に加入する」と「保険会社に資金を預けて資金運用をする」の両方を兼ね備えたセット商品です。第1章で述べたように、このセット商品というのが曲者だからです（35ページ参照）。

生命保険の話はこれくらいにして、損害保険についても考えてみましょう。**退職前後のサラリーマンであっても、損害保険は生命保険と比べて必要性が高い保険です。しかし、これも一度は見直してみましょう。**

自動車関係の保険は、自動車を運転する以上、必ず必要でしょうが、本当に自動車は必要ですか？　火災保険は本当に必要でしょうか？　第1章に戻って、考えてみてください。

医療保険についても検討してみましょう。国民健康保険であれ、企業の健康保険であれ、「高額療養費制度」があるので、万が一医療費が高額になった場合でも、自己負担は一定金額以上にはなりません。このことを知っているだけで、「民間の医療保険は不要だ」と思う人は多いはずです。実際、300万円程度の蓄えがある人は医療保険への加入は必要ないというファイナンシャル・プランナー（191ページ参照）は少なくありません。

民間介護保険はどうでしょう。「年齢を重ねると、貯金が減るのを怖がる気持ちが強くなるので、介護施設への入所一時金の支払いを拒んで在宅介護を選択し、結果として家族に迷惑をかける」という可能性があります。これを避けるために介護保険に加入すべき、という類書もあります。

しかし、「私の判断力が衰えて来たら、施設に入れてほしい」とあらかじめ家族に頼んでおけばよいので、わざわざ期待値マイナスの介護保険に加入する必要はないと思います。

まとめ

- 退職前後の年齢のサラリーマンは、生命保険は不要です。
- 生命保険を解約すると損する場合、払済保険にしましょう。
- 損害保険も、本当に必要かどうか見直してみましょう。

3章 8 「不動産投資」は高リスクで儲からない

ワンルームマンションなどの不動産投資は、表面上の利回り（家賃収入÷投資額）が高いので人気があるようですが、お勧めできません。第一に、諸コスト差引後の利回りは、それほど高くないからです。税金や管理費などがかかりますし、借り手が変わるたびに壁紙を貼り替えたりするコストもかかります。何よりも、建物が古くなることにより建物の価値が落ちていくことを計算に入れる必要があります。法人であれば減価償却を費用として計上するでしょうから、その分もコストとして認識しておく必要があるわけです。

第二に、リスクが大きいことです。日本は少子高齢化で人口減少が確実ですから、空き家になって家賃収入が得られないリスク、物件価格が下落していくリスクは決して小さくありません。現に空家が増加を続けていること、人口が減少しつつあり、特に住宅需要と関係の深い婚姻数が大幅に減少していること、最近でも新しく建てられる住宅の戸数が結構な高水準となっていることなどを考えると、このリスクは大きいと覚悟しておくべきでしょう。空き家のリスクは地域によっても大きく異なるでしょうから、少なくとも日本創成会議のホームページを見て、地域ごとの将来の人口予測を考慮しましょう。

ちなみに、貸家建設を推奨する業者の中には、「家賃を保証するので安心して建てましょう」というところもあるようですが、これは「現在の家賃水準」ではなく、「そのときどきの経済情勢に応じた適正な家賃」という意味ですから、空き家だらけの時代が来たら、当然に保証される家賃が非常に低いものになるであろうことは想像に難くありません。要注意です。

また、住宅が大地震で倒壊するリスクもあります。借り手がどんな人かわからないというリスクもあります。自宅とワンルームマンションを両方持っていると、資産全体にしめる不動産の比率が高くなりすぎて、分散投資になりません。こうしたことを考えると、ワンルームマンションの投資はリスクの割に儲からないと言えるでしょう。

なお、ワンルームマンションを買うくらいなら、ＲＥＩＴと呼ばれる投資対象（投資信託の一種で、株式の代わりに賃貸用不動産に投資するもの）のほうがまだマシでしょう。投資信託ですから、プロの手数料が差し引かれるわけですが、プロに頼むことのメリットが大きいからです。株式は大量に購入しても安くなりませんが、不動産は大量に購入すると安く買える場合もあります。株式の銘柄選びも素人よりプロが上手ですが、賃貸用不動産を選んで投資し、管理して賃貸する作業ではプロとアマの差がさらに大きいでしょう。空き家のリスク、火災や地震のリスクなども、多数の物件を持つREITならば分散が可能です。**筆者としては、お勧めはしませんが、ワンルームマンションの投資を考えるくらいなら、REITについても検討してみてはいかがでしょうか。**

まとめ

・不動産投資はリスクが高い一方で、それほど儲かりません。

3章

9 「自宅」を持つことはインフレ対策になる

自宅は投資として持つのではなく、自分が住むために持つのですから、借家ではなく自分で所有しましょう。空き家になるリスクはありませんし、借り手が変わるたびに壁紙を貼り替える必要もありません。借り手が家賃を払わないリスクなどもありません。値下がりするリスクはありますが、原則として一生住むのですから、売値が下がっても老後の生活資金には特段の影響はないでしょう。もちろん、地震や火事のリスクはありますし、自宅を売却して施設に入る可能性もありますから、値下がりリスクも心配ではありますが、借家と比べればはるかにマシです。

借家は家賃が高いです。物件価格の5%だとすると、20年分の家賃で家が買えてしまうことになります。20年以上長生きするならば、借家は損です。しかも、その間にインフレが来て家賃が高騰するリスクもあります。つまり、**借家は「長生きしてインフレになり、生活資金が枯**

渇する」という本書の最も恐れるリスクを増幅してしまうのです。これを避けるためには、ぜひとも自宅を持ちましょう。

郊外の住宅地に一戸建てを持っている場合には、売却して都心（街の中心部）のマンションに引っ越す選択肢も検討してみましょう。子どもたちが独立して老夫婦2人だけになると、一戸建ての広い家よりも都心のマンションのほうが暮らしに便利です。都心に住むと公共交通機関が発達しているので自動車を持つ必要がなく、自動車関連の出費が抑えられるかもしれません。また、郊外の住宅地は人口減少により空き家が増加して価格が下がるリスクは大きいでしょう。自宅については価格を気にする必要は特にありませんが、子どもにとっては相続財産ですし、自分が生きている間に自宅を売って施設に入る可能性もありますから、価格のことも少しは検討の材料に入れておきましょう。

2世帯住宅という選択肢もあります。この場合には、お互いのプライバシーが守れるような設計にしましょう。親夫婦と子ども夫婦の間のプライバシーも大切ですが、将来は片方を賃貸に出したり売却したりする可能性もあるので。

サラリーマンの中には、社宅が完備しているので自宅を購入する必要がない人や、転勤が多いので自宅を持っても仕方がない人もいるでしょう。そうした人は、退職時に自宅を購入することを考えましょう。退職金は65歳から70歳までの生活費などに使いますから、退職金以外の金融資産で全額現金で家を買う必要があるのです。それに備えて、頑張って貯金しましょう。読者が比較的若いサラリーマンである場合には、160ページを参考にしてください。

読者がすでに退職前後の年齢で、それほど蓄えがない場合には、状況はシビアです。同期のサラリーマンたちが住宅ローンの元利払いを頑張っていたときに、その分を消費してしまったのですから仕方ありません。親が残してくれた家があるならば、古家であっても、そこに住みましょう。あるいは、退職金で小さくて古い家を買いましょう。そして、70歳まで年金を受け取らずに済むように、老後も思い切り働きましょう。

苦しいでしょうが、**借家暮らしはぜひ避けましょう。「長生きしている間にインフレが来るリスク」に最も弱いのが借家だからです。**頑張ってください。

まとめ

・借家は「長生きとインフレ」に弱いですから、老後は自宅に住みましょう。
・自宅も金融資産も持たない人は、頑張って貯金しましょう。

3章 10 「確定拠出年金」なども活用しよう

国民年金と厚生年金は、対象者の加入が義務付けられているので、議論の余地のない「公的年金」ですが、それ以外にも、政府が制度や法律を作っているものがあります。**確定拠出年金**と**国民年金基金**です。これらは、公的な年金ですが、対象者の加入が義務付けられていないので、「加入したい人が自由意志で加入する」という意味で「私的年金」に分類されることが多いようです。本項では、これらについて学びましょう。

確定拠出年金という制度は、企業型と個人型の2種類があります。企業型は、企業年金であり、企業が退職金を一時金で支払う代わりに年金で支払うものです。その際、積み立てる退職金の原資を企業が運用するのではなく、従業員の指図に従って運用し、その運用の成果によって退職金の金額が決まります。

「毎月の給料に加えて退職金の前払い分を従業員に支払い、その分を強制貯蓄させている」と考えればいいでしょう。会社が強制的に預かっているだけで、自分のお金ですから、自分で自由に運用できる一方、自分の運用成績によって自分が受け取る退職金額が左右される（自己責任）というわけです。

こうした制度を持っている会社はそれほど多くないようですが、勤務先が確定拠出年金の制度を持っている場合には、従業員は否応なしに老後資金の投資をせざるを得ないことになります。その場合には、確定拠出年金で投資している金額は、少しずつ時間をかけて株式と外貨（通常は確定拠出年金は直接株式や外貨には投資できないため、実際には日本株投資信託、外国株投資信託、外国債券投資信託など、株式や外貨の値動きに連動する投資対象）に投資していきましょう。

もうひとつの確定拠出年金である個人型は、現役時代に毎月一定額を投資し、その運用成果を老後に年金として受け取るものです。自営業者のみならず、サラリーマンでも勤務先に企業年金がない場合には（掛け金の上限は少ないものの）加入できます。２０１７年以降は企業年金のある会社員や公務員なども加入できるようになる見通しです。

通常の投資活動と同じことなのですが、政府が管理していて、税制上の優遇措置が手厚い点が通常の投資活動と異なるところです。掛け金が所得控除となりますし、運用益は非課税ですし、老後に受け取る年金も税金が優遇されます。知名度が低いため利用者数が少ないのですが、非常に有利な制度ですから、ぜひ活用しましょう。

問題は一度納めた掛け金が、60歳まで戻ってこないことです。個人事業主は、事業の浮き沈みが激しい場合もあり、「あと100万円あれば倒産を免れるのに」という思いをするかもしれません。そう考えると、個人型確定拠出年金に加入することはリスクだと言えるでしょう。しかし一方で、自営業者は老後の公的年金が頼りない（受給額が少ない）ので、自分でしっかり貯蓄をしておく必要があります。そこで、自分に厳しくない人は「ついつい老後のための蓄えを使ってしまった」ということがないように、「強制的に貯蓄させられる」ことを選択するメリットも大きいでしょう。

59歳までしか加入対象ではありませんので、読者の中には加入できない人も多いでしょうが、たとえば読者が55歳のサラリーマンだとすれば、5年間だけ加入したとしてもメリットは大きなものがあります。50代後半のサラリーマンは比較的年収が高い場合が多いため、掛け金が所得控除になることにともなう節税効果が大きいからです。たとえば年収700万円程度のサラリーマン（専業主婦と子ども1人）が上限の年間27・6万円を拠出すると、年間8・3万円の節税となりますから、5年間では41・4万円です。自分で金融機関に申し込む必要がありますが、手間をかける価値は充分にあると言えます。

国民年金、厚生年金はマクロ経済スライドによって目減りするリスクがありますが、確定拠出年金にはマクロ経済スライドが適用されないので、その意味では安心です。ただし、長生きとインフレのリスクへの対応という観点では、工夫が必要です。長生きのリスクに対応するためには、年金の受け取り時に終身年金を選択する必要があります。

国民年金基金は、自営業者のための制度です。自営業者は厚生年金がありませんが、それに代わる制度として設けられたものです。終身年金も選択できるので、長生きのリスクに備えることができます。自営業者の納付額は個人型確定拠出年金と合計で月額6・8万円までです。

確定拠出年金と似ていますが、インフレへの備えにはならない一方で、国民年金の任意加入者であれば65歳まで納付できる点は主な相違点と言えます。

年金ではありませんが、**小規模企業共済制度**もあります。個人事業をやめたとき、中小企業の役員を退任したときなどに、生活資金を受け取れるように、あらかじめ積み立てをしておく制度です。

掛け金は月額7万円までで、全額が所得控除となります。受け取る共済金についても、退職所得扱いなど、税法上のメリットが受けられます。税法上のメリットが大きいので、加入資格のある人は活用しましょう。

まとめ

・企業型確定拠出年金は、退職金を自分で運用し、年金とするものです。
・個人型確定拠出年金と国民年金基金は、自営業者の強い味方です。
・公務員などにも個人型確定拠出年金の適用範囲が広がる見込みです。
・小規模企業共済制度も加入できるならば、活用しましょう。

3章 11 生保会社の「私的年金」は終身で

生命保険会社などでは、年金が商品ラインアップに含まれています。これには有期年金と終身年金があります。

有期年金は、「65歳から20年間、毎年5万円支払います。」といった契約です。一定期間内に死亡した場合に年金が支払われる契約とそうでない契約がありますが、どちらであっても有期年金は長生きのリスクにはまったく対応していません。商品設計にもよりますが、基本的にインフレのリスクにも対応していません。それならば、生保各社の手数料率の高さ（実質手数料が公開されていない場合も多いのですが、生保の手数料率は一般的に銀行や証券会社などに比べてはるかに高いと推測するに足る数多くの状況証拠があります）を考えて、「単純に国債を購入して必要に応じて売却していく」ことを選択したほうがいいでしょう。もちろん、筆者としては本章に示したように株式などへの分散投資を行なうことをお勧めしますが。

そこで、本書では有期年金には触れずに、**終身年金**について記します。これは終身保険（死亡したときに保険金を支払うという生命保険契約。存命中に満期が来ることは想定されていないため、終身保険とされている）とはまったく異なるもので、存命中は毎月決まった金額の年金が支払われる、というものです。「長生きすれば得をし、早死にすれば損をする」という賭けですから、長生きのリスクに備えるという目的に合致したものです。

これは、長生きのリスクに対応した数少ない民間の商品で、前向きに取り組みたい商品のひとつです。契約には「定額型」と「逓増型」があります。利益率が高くないのか、取り扱っていない生命保険会社も多いようですが、身近な生命保険会社に問い合わせてみましょう。

女性のほうが平均余命が長い分だけ保険料が高くなってしまいますが、妻のほうが長生きする可能性が高いので、夫が亡くなったあとの妻の生活を考えると、妻が加入するほうが安心です。逓増型に加入できるなら、そのほうがインフレのリスクに備えができるので安心です。

まとめ

・生保などの終身年金は、長生きのリスクへの頼もしい備えです。
・資金に余裕があれば、妻が逓増型終身年金に加入しておくと安心です。

3章

12 「社債」や「FX」には手を出さない

国債と似た物として、社債があります。企業の発行する債券です。外国の政府が円建てで発行する債券もあります。こうした債券は、国債よりも利回りが高い場合が多いので、国債の代わりに購入しようと考える人もいるようですが、筆者はお勧めしません。

第一に、日本人の個人投資家は信用リスク（借り手が破産する可能性など）を実際より小さく考える傾向があると言われています。つまり、国債と比べて、紙屑になってしまうリスクは小さくないのに、得られる利回りは国債と比べてほんの少し高いだけという商品でも比較的容易に販売できるのです。

そうだとすると、売られている社債などに投資するのは得ではないことになります。

第二に、社債などは国債に比べて、市場での取引が活発ではありませんから、いざ資金が必要になって売却しようとしたときに、買い手が見つからなかったり、安値で買い叩かれたりする可能性があるのです。

預金ならばいつでも引き出せますし、普通の国債ならばいつでも売れますから、わざわざ社債などを買う必要はないでしょう。

なお、**FXや商品先物を投資と考えている人もいるようですが、あれは断じて投資ではありません。** 参加者が「価格（価値ではなく）」をめぐってゼロサムゲーム（仲介業者の手数料を考えるとマイナスサム・ゲーム）を繰り広げているバクチ場です。商品価格や外国為替相場などは、プロ同士が全力で闘っている戦場です。そうしたところに、素人が素手で出向いていっても、到底勝ち目はありません。時には勝つこともあるでしょうが、何度も繰り返している間には負けが込んでくるはずです。競馬や競輪と同じ感覚で「遊んでみる」ならばかまいませんが、**老後の生活資金を賭けることだけは絶対にやめましょう。**

まとめ

・社債やFXは避けましょう。

金融商品等	長生き	インフレ	コメント
貸家	○	○	人口減少社会で空家リスク、値下がりリスクが大。家賃を投資金額で割った「利回り」に惑わされない。投資対象外。
自宅	○	○	借家には「長生きしている間にインフレで家賃が上がる」リスクあり。それを避けられるメリットは大。
確定拠出年金個人型	△	△	加入資格に制限があるが、2017年から公務員等も加入できる見込み。マクロ経済スライドの適用なし。税制上のメリットあり。
国民年金基金	◎	×	自営業者向け。マクロ経済スライドの適用なし。税制上のメリットあり。
終身年金（私的年金）	◎	△	長生きのリスクには完璧に対応。逓増型ならばインフレリスクにもある程度対応。
社債等	×	×	流動性の低さが難点。信用リスクと比べて金利が低い場合が多い。
FX 商品先物	×	×	投資対象外。
公的年金	◎	○	長生きのリスクには完璧に対応。インフレにも一応は対応。老後資金の最も頼もしい存在。

図05 金融商品一覧表

金融商品等	長生き	インフレ	コメント
預金	×	×	いつでも現金化できるメリットはあるものの、インフレに弱く、金利も低い。 最低必要限のみ保有。
普通の国債	×	×	利払額、償還額ともに発行時に決定済み。 現在は利回りが低すぎる。投資対象外。
物価連動国債	×	◎	償還額が消費者物価指数に連動。インフレには強いが、インフレにならないと損失も。2016年秋からは庶民でも投資できる見込み。
変動金利型国債	×	○	インフレだと金融引締めで利払い額が増加。インフレにならなくても、ある程度は利払あり。
株式	×	○	インフレに強いが、銘柄分散、時間分散が必要。価格変化ではなく、企業価値の増加を狙うべき。
株式投資信託	×	○	インフレに強い。銘柄分散は不要だが、時間分散は必要。手数料の安いＥＴＦがお勧め。
外貨	×	○	インフレに強く、国債暴落などの際に威力を発揮。時間分散は必要。
生命保険	×	×	実質的な手数料が高いので、絶対必要な場合のみ加入すべき。退職前後のサラリーマンには不要。

第4章

資産運用の具体例

ここまで、老後資産に関する心がまえ、公的年金と資産運用の手段について学んできました。これまで学んだ知識を総動員して、実際の運用の具体例について考えてみます。平均より少しだけ金融資産の多いサラリーマンの場合をモデルケースとしましたので、このとおりに運用できるように頑張ってみてください。リッチなサラリーマン、個人事業者などについても記しておきました。

4章 1 資産運用のモデルケースを考える

本章では、はじめにモデルケースを設定して老後資産の運用の具体例を示したあとで、それ以外のバリエーションについて148ページ以降で記すことにします。

主人公は55歳のサラリーマンで、53歳の専業主婦と子ども2人の4人家族とします。子どもは2人とも社会人で、独身寮に住んでおり、遠からず結婚するものとします。住居は東京のベッドタウンの一戸建て（持ち家）です。

このケースでは、生命保険は不要です。本書の基本的な姿勢は、生命保険は期待値がかなりマイナスなので、誰かが路頭に迷う可能性が高い場合にのみ加入すべきだということです。このケースでは、夫に万が一のことがあっても、家族が路頭に迷う心配がないので、生命保険には加入しませんし、すでに加入している保険は払い済みにします（112ページ参照）。

定年は60歳で、55歳からの5年間は、老後に備えて貯蓄に励むとします。年功序列賃金の日本企業では、50代後半は比較的高い収入が見込める一方で、子育て関係の出費が不要になっていますから、相当額の貯蓄が期待できます。妻も子育てが終了しているため、パートで働くことができます。その際、配偶者控除が受けられなくなると困りますから、年間の所得は103万円以内に抑えるのが普通でしょう。もっとも、いっそのこと思い切って年間200万円くらい稼いでしまうという選択肢も一応は検討してみてください。

なお、貯蓄に励むといっても、借金があるならば、銀行に預金するのではなく借金を返しましょう。借入の金利は預貯金の金利より高いので、預貯金と借入の両建ては損だからです。たとえば金利3％の住宅ローンを返済するのは、預金で3・7％強の金利を稼ぐのと同じ効果があります。3・7％の金利を稼いでも、預貯金の金利には税金がかかるので、これを差し引いた手取りでは3％程度にしかならないのです。

こんな高い利回りの預金はあり得ないでしょう。株式などに投資をすれば、3・7％で運用できるかもしれませんが、失敗して損をするリスクもあります。その点、借金の返済にはリスクがないのですから、**「借金の返済が一番高利回りの資金運用」**と言えるでしょう。

なお、借金を返す際に、本当に貯金がゼロになるまで返してしまうと、何かあったときに困りますから、300万円くらいは残しておきましょう。この分は、時間をかけて少しずつ株式と外貨に換えていきましょう。そして、**退職金が出たら、とにかく借金は全部返しましょう。**

最近は金利が非常に低い住宅ローンなどもありますから、その場合には（筆者の目安としては、金利が1・5％より低いのであれば）、現役時代は無理に返済せず、余裕資金を用いて退職までの間に少しずつ株と外貨を購入することも選択肢でしょう。それにより、退職金を受け取ってから生活費として使うまでの間にインフレで目減りしてしまうリスク（後述）を減らすことができるからです。ただし、**退職金で借金をすべて返済するという大原則は、借金の金利にかかわらず守りましょう。**株式投資をすれば配当利回りが住宅ローンの金利よりも高い場合もありますが、投資に不慣れな人が多額の株式投資をするのはリスクが高いので、お勧めできません。

60歳時点で、退職金等（遺産も同じ年に受け取れるものとします）を計2200万円受け取ると、純金融資産（自宅以外の資産から借金を引いた額）が2100万円となります。

60歳から65歳までは再雇用されて、妻も熱心にパートで働くとして、生活費は稼げるものとし、65歳時点でも金融資産は2100万円残っているとします。夫の所得が減りましたので、妻は夫の扶養家族になる必要がなくなりました。そこで、妻も103万円の壁を気にせずに働けるわけです。2100万円という金額は、平均的なサラリーマンの65歳時点の金融資産残高よりは少し多いのですが、老後の望ましい資産配分を実現するために必要な金額ですので、努力目標という意味合いを込めて、これを用いることとします。

65歳から70歳までは、年金を受け取らずに老後資金で生活費を賄います。1カ月の生活費を25万円として年間300万円、5年で1500万円かかるとします。すると、70歳時点で600万円が残ります。可能であれば、65歳以降もアルバイトなどで収入を得たいところですが、ここでは仕事が見つからない可能性を考えて、保守的に予測を立てましょう。

70歳からは、年金で生活します。年金の受け取りを70歳まで待つことで、毎月の受け取り額が42％増えるため、年金だけで足りる計算になります。厳密には、最初は年金だけでも少し余りますが、少子化などにともない「マクロ経済スライド」が発動され、年金が少しずつ目減りしていきますので、余った部分は将来の安心のために蓄えておきましょう。

そうなると、600万円は何かあったときへの備えということで、何もなければそのまま運用し続けて、最後は葬儀費用として相続されることになる部分です。つまり、この部分は、相当長期間にわたりインフレのリスクに耐えることが要求されるわけです。

インフレに強い長期投資となると、株式と外貨と物価連動国債（及び変動金利型国債）が挙げられます。これらをバランスよく持つことが重要でしょう。そこで、株式と外貨を55歳時点から時間をかけて少しずつ買っていきましょう。物価連動国債は、時間分散はそれほど必要ありませんが、変動金利国債との分散投資は検討しましょう。

図06（142ページ参照）では、70歳時点の金融資産は「10％が変動金利型国債、10％が物価連動国債、10％が銀行預金、35％は日本株（ETF）、35％は外貨（外国株ETFおよび米

ドル建てMMF)」となっています。これを見て、株や外貨の比率が高すぎると感じる読者は多いと思います。筆者がインフレのリスクを高いと見ていること(17ページ参照)、しかも老後の生活資金がインフレで目減りするリスクを避ける必要を強く感じていることなどから株と外貨の比率を敢えて高くしたものですが、これはあくまでも「筆者のお勧めするモデルケース」ですので、読者の判断で柔軟に変更していただければと思います。

さて、70歳時点でのポートフォリオ(資産の分散具合)については以上ですが、今ひとつの問題は、60代後半の生活費分の1500万円を、退職金を受け取ってから使うまでの間、どうするかということです。この部分は、65歳までの5年間は、そのまま金融資産として残りますし、その後の5年間も残高が徐々に減っていくだけです。この間、ずっと預貯金にしておくのはインフレに対するリスクが大きすぎます。

ただ、この間の運用については、選択肢が非常に限られています。株式や外貨はインフレには強いのですが、数年後には売却することがわかっているときには、時間分散投資をすることが難しいので、株式や外貨での運用は原則としてお勧めできません。変動金利型国債も、期限前に解約すると最後2回分の利子を損しますので、10年間解約しないであろう金額しか購入できません。そうなると、消去法で残るのは物価連動国債だけになります。現在のように、物価連動国債の市場価格が額面を大きく上回っているときには(93ページ参照)、全額ではなく、ある程度を現金（または定期預金）にしておくことも選択肢でしょう。時間分散投資で値下がりを待つことも検討しましょう。また、途中で売却する予定の分は、売却のコストなどを考えて、一部を定期預金にしてもいいでしょう。このあたりは臨機応変でかまわないと思います。

なお、物価連動国債は、2016年10月頃までは、取扱証券会社が限られていて、しかも小口投資家が購入するのは難しいかもしれません。したがって、少し待つことも選択肢のひとつでしょうが、1000万円単位であれば購入できますので、1000万円分を購入して67歳時点で売却することも要検討です。

では、図06（144ページ参照）で具体的な数値例を見てみましょう。55歳時点では、住宅ローンが相当残っています。住宅ローンの多くは、約定弁済といって、毎年定期的に返済していく契約になっていますが、それに加えて返せる分は返していきましょう（住宅ローンの金利は1・5％以上であるとの前提です）。まず、金融資産を用いて返済しましょう。前記のように、借金の返済が最高の資産運用だからです。もっとも、金融資産がゼロになってしまうと、万が一のときに困りますから、300万円程度は残して、残額を返済に充当します。

次に、退職までの間、できるだけ老後資金を貯めます。といっても、金融資産は300万円あれば充分なので、収入から支出を差し引いた残り（年間120万円と想定）は住宅ローンの追加的な返済に充てます。

（単位：万円）

62	63	64	65	66	67	68	69	70	71	72
20	20	20	20	20	20	20	20	20	20	20
594	552	510	210	10	10	10	10	40	40	40
150	150	150	150	150	150	150	150	60	60	60
1,000	1,000	1,000	1,000	900	600	300	0	60	60	60
168	189	210	210	210	210	210	210	210	210	210
84	105	105	105	105	105	105	105	105	105	105
84	84	105	105	105	105	105	105	105	105	105
0	0	0	0	0	0	0	0	0	0	0
2,100	2,100	2,100	1,800	1,500	1,200	900	600	600	600	600
0	0	0	-300	-300	-300	-300	-300	0	0	0
定年後再雇用時代			無収入・無年金時代					年金生活		

図06では、住宅ローン残高が毎年180万円ずつ減少しています。そのうち60万円は約定弁済（借りたときに決められた毎年の返済額）であり、120万円は家計の余裕分を用いて期限前弁済をしている分です。55歳のときには住宅ローン残高が380万円減っていますが、そのうち200万円は金融資産を取り崩して返済した分です。

300万円を残す理由はふたつあります。ひとつは、全額を借金返済に充ててしまうと、万が一資金が必要になったときに「もう一度貸してほしい」と言えないことです。今ひとつは、時間をかけて少しずつ株と外貨を買って行くためには現金が必要だからです。

図06では、毎年、株と外貨を21万円ずつ購入することになっています。具体的には、株

図06 金融資産残高の推移（標準ケース）

年齢	54	55	56	57	58	59	60	61
現金・普通預金	20	20	20	20	20	20	20	20
定期預金	480	168	126	84	42	0	1,278	836
国債（変動金利）	0	0	0	0	0	0	150	150
物価連動型国債	0	70	70	70	70	70	400	800
日本株 ETF	0	21	42	63	84	105	126	147
外国株 ETF	0	21	21	42	42	63	63	84
外貨MMF	0	0	21	21	42	42	63	63
住宅ローン（ー）	-1,500	-1,120	-940	-760	-580	-400	0	0
非自宅資産総額（純）	-1,000	-820	-640	-460	-280	-100	2,100	2,100
同前年差		180	180	180	180	180	2,200	0
変動理由		貯蓄時代					退職金・遺産	

式はTOPIX連動のETFを夏に21万円購入し、冬は外貨のMMFを21万円、外国株のETF（たとえばMSCIコクサイ連動）を隔年で21万円購入します。これは、70歳時点で持っているべき外貨と株を10年かけて少しずつ買おうというものです。その結果、退職直前には資産が株と外貨に偏りますが、気にする必要はありません。退職金は「会社への預金」だと考えれば、円の預金は充分すぎるほど持っていることになるからです。

60歳で定年になり、退職金を受け取ったら、借金をすべて返済します。図06では、退職金が2000万円受け取れると同時に、親からの遺産が200万円入ることになっています。その結果、60歳時点で自宅のほかに金融資産を2100万円持っていることになります。

55歳から10年かけて株式と外貨を購入する計画が進んでいますので、これはそのまま淡々と続けましょう。2100万円のうち、65歳からの生活費として用いる予定の1500万円は、図06では物価連動国債が小口で買えることを前提として、3年ほどかけて930万円分を購入し、66歳からは少しずつ売却しながら生活費に充当していくことになっています。2016年秋頃までは、1000万円単位での購入しかできない可能性もありますので、その場合には1000万円分を1回で購入して67歳の時点でこれを売却します。

これで一応は老後の備えの完成です。あとは、資金が必要になった際に金融資産の600万円を取り崩す順番を決めておきましょう。基本的に、値上がりしたものを値上がりした分だけ売却すると考えます。たとえば210万円で買った株式が300万円に値上がりすれば、差額の90万円分までは売却するということです。それでは足りないほどの資金が必要になった場合には、株と外貨と国債を残高に応じて売却します。たとえば「株も外貨も国債も保有額の2割を売却する」といった具合です。それによって、株と外貨と国債の望ましい比率が維持されることになります。

まとめ

・退職金で借金を返済しましょう。
・公的年金の受け取り開始を70歳まで待ちましょう。
・投資対象もタイミングも分散投資です。
・老後資産は株式、外貨、物価連動国債などで持ちましょう。
・60代後半の生活費は、退職金を物価連動国債にしておきましょう。

4章

2 ケース別に資産運用を考える

●資金不足のケース

60歳時点での金融資産が少なかったり、60代前半に働けずに退職金を取り崩してしまったりした場合には、図06のようにはなりません。この場合には、金融資産が300万円になった段階で年金を受け取り始めましょう。

もちろん、できるだけ働いて年金の受け取り開始を少しでも先延ばしするべきですが、それでも資金が足りないのであれば、背に腹はかえられないでしょう。

300万円は、何かあったときのために、手元に残しておきたいですし、何もなかった場合には葬儀費用として残したい金額でしょう。内訳としては、図06と同様に株と外貨と物価連動国債に分散投資を行ないます。総額が半分ですから、各資産をそれぞれ図06の半分ずつ持ちましょう。

当然ですが、図06よりも使える金額が少ないので、倹約しましょう。**年金を受け取る前も、受け取り始めてからも、倹約しましょう。**老後が30年あるとすれば、毎月2万円ずつ倹約すれば、720万円になります。「塵も積もれば」ですから、細かい支出項目でも丁寧にチェックしましょう。

●少し余裕があるケース

長生きのリスク、インフレのリスクに備えるという観点からは、民間の終身年金も大変望ましいと言えるでしょう。女性のほうが平均寿命が長いため、加入には多くの金額を要しますが、その分だけ得られる安心も大きいので、金額的に許すのであれば、妻が加入するといいでしょう。ただし、その場合に、夫の通帳から保険料を支払うと夫から妻への贈与があったものと見做されて贈与税が課される場合がありますので、注意が必要です。

妻がパートで稼いだ金額は、妻の名義の通帳に入れておきましょう。妻が働いていない場合には、夫から毎年110万円ずつ贈与して妻の口座に入金しておく、などの工夫が必要です。毎年の贈与に関しては、219ページをご覧ください。妻の口座から保険料が支払われれば、贈与税は課されませんから安心です。

（単位：万円）

62	63	64	65	66	67	68	69	70	71	72
20	20	20	20	20	20	20	20	20	20	20
280	180	80	120	160	200	240	280	180	180	180
1,500	1,500	1,500	1,000	1,000	1,000	1,000	1,000	1,000	1,000	1,000
3,000	3,000	3,000	3,000	2,500	2,000	1,500	1,000	1,000	1,000	1,000
400	450	500	550	600	650	700	750	800	800	800
200	225	250	275	300	325	350	375	400	400	400
200	225	250	275	300	325	350	375	400	400	400
2,400	2,400	2,400	2,400	2,400	2,400	2,400	2,400	2,400	2,400	2,400
0	0	0	0	0	0	0	0	0	0	0
8,000	8,000	8,000	7,640	7,280	6,920	6,560	6,200	6,200	6,200	6,200
0	0	0	-360	-360	-360	-360	-360	0	0	0
定年後再雇用時代			無収入・無年金時代					年金生活		

●大いに余裕があるケース

夫が55歳のときに妻の親が亡くなり、妻が5600万円（うち2000万円は親の住んでいた田舎の家）を相続したとします。夫が60歳の時点で夫婦あわせて8000万円の資産を自宅以外に持つことになったわけです。

まず、相続した妻の親の家ですが、妻が子ども時代を過ごした思い出の家であったりすると売りたくないという気持ちもあるでしょうが、老後資金のことだけを考えれば、売るべきでしょう。少子高齢化で人口が減少していく時代ですから、都会はともかく、田舎の不動産は値下がりしていく可能性が高いですから。

次に、住宅ローンは退職金を待たずに返済しましょう。その際ですが、妻の口座から銀

図07 金融資産残高の推移（リッチケース）

年齢	54	55	56	57	58	59	60	61
現金・普通預金	20	20	20	20	20	20	20	20
定期預金	480	2,700	1,600	820	400	480	480	380
国債（変動金利）	0	1,500	1,500	1,500	1,500	1,500	1,500	1,500
物価連動型国債	0	860	1,640	2,500	3,000	3,000	3,000	3,000
日本株 ETF	0	50	100	150	200	250	300	350
外国株 ETF	0	25	50	75	100	125	150	175
外貨MMF	0	25	50	75	100	125	150	175
終身年金元本	0	0	0	0	0	0	2,400	2,400
住宅ローン（－）	-1,500	-400	0	0	0	0	0	0
非自宅資産総額（純）	-1,000	4,780	4,960	5,140	5,320	5,500	8,000	8,000
同前年差		5,780	180	180	180	180	2,500	0
変動理由		貯蓄時代					退職金・遺産	

行に返済資金を振り込んではいけません。妻から夫への贈与とみなされる可能性があるからです。当分の間、生活費は妻が負担し、夫は給料を全額返済に回しましょう。実質的には同じことだとしても、税法上の扱いはまったく異なるので注意が必要です。図07では、55歳時点で住宅ローンが400万円残ることになっていますが、これはそうした事情です。

妻がもっとずっと若いときに遺産を受け取ったとして、夫の住宅ローンが多額に残っていたとすれば、妻が夫から自宅の持ち分を買い取って夫に代金を支払い、それで夫が住宅ローンを返済するという選択肢もあり得ますが、図07のケースであれば、手続きの面倒さや諸コストなどを考えて、やめておきましょう。

資金に余裕がありますから、長生きのリスクに備えるため、妻が民間の終身年金保険に加入しましょう。インフレにも備えるという意味では、逓増型のほうがいっそう安心かもしれません。

あとは、モデルケースと同様に年金の受け取り開始を70歳まで待ちます。70歳時点の金融資産（終身年金の払込金を除く）は３８００万円となりますので、インフレに備えるため、全体の21％を株式（国内株式ＥＴＦ）、21％を外貨（外貨建てＭＭＦ及び外国株式ＥＴＦ）、26％を物価連動国債、26％を変動金利型国債、残り約5％を現金（および預金）で持つこととします。株式と外貨は、55歳から10年かけて徐々に購入していきます。55歳時点で変動金利型国債を購入すれば、満期まで保持できますので、分散投資の観点から、変動金利型国債を多めに購入する点がモデルケースとの相違点です。

このケースでは、相当余裕のある老後を送れるでしょう。あとは、資産を取り崩しながら豊かに暮らすのか、不測の事態に備えて資産を温存しておく（不測の事態がなければ財産は子どもに相続される）のか、といったことを考えて生活設計をすればいいでしょう。

●株などは怖いという人のケース

読者の中には、理屈はともかく株や外貨は怖いから嫌という方もいると思います。その場合は、物価連動国債と変動金利型国債でインフレリスクを回避しましょう。両者の比率は、物価連動国債の相場にもよりますが、基本的には分散投資ですから半々でかまわないでしょう。

もちろんこの場合でも、退職金で借金を返すというのは当然です。

本書の内容とは関係ありませんが、株や外貨が怖い人であっても、生活に影響の出ない範囲で、たとえば10万円分だけ株式投資信託や外貨を持ってみることはお勧めです。金額がわずかですから、儲かったり損したりすることは重要ではなく、持っていることによって経済の話題に少しでも興味が持てるようになれば、メリットは大きいと思います。

●年金不信の人のケース

日本政府は巨額の借金を抱えていて破産するかもしれない、あるいは少子高齢化で年金財政は破綻すると考えている方もいると思います。筆者はそうは思いませんが（理由は198ページ参照）、そこは議論したから正解が見つかるというものでもないでしょうから、そうした方は、60歳から年金を受け取りましょう。もらえる間に少しでももらっておくべきです。そして、受け取った年金は、外貨に換えましょう。退職金なども、なるべく外貨に換えましょう。

政府が破産するような国では、国債は紙屑になるでしょう。経済全体が壊滅状態になるでしょうから、株価は暴落するでしょうし、銀行の破綻も相次ぐでしょう。そう思うと、国債にも株式にも銀行預金にも頼れません。

一方で、外国人投資家は日本に投資している資金を引き揚げるでしょうし、日本人の富裕層も海外に資金を移そうとするかもしれません。海外に資金を持ち出すために彼らが外貨買いに走れば超外貨高になり、輸入物価が高騰するでしょう。そうなったときには、外貨を高値で売却してインフレに克ちましょう。

ひとつだけ付け加えるとすれば、「妻だけでも年金受給開始を待ってみてはいかがですか?」ということでしょう。5年間待つことによって受け取れなくなる年金額は夫でも妻でも同じですが、妻のほうが長生きする可能性が高いので、待つことのメリットは妻のほうが大きいのです。それならば両方とは言わないので、せめて妻だけでもということです。

●インフレが怖いと考えている人のケース

筆者は充分にインフレを怖がっていますが、筆者以上にインフレを怖がっている読者もいるかもしれません。あるいは、第6章を読むと、今よりずっとインフレが怖くなるかもしれません。そうした読者は、55歳から60歳にかけて住宅ローンの返済を頑張る代わりに株と外貨を多めに購入するという選択肢も要検討です。

基本ケースでは、退職金を受け取ってから生活費として用いるまでの間、相当の金額がインフレのリスクにさらされることになっています。そのリスクを軽減するためには、住宅ローンの金利が多少高くても、それをインフレ対策の保険料と考えて支払い続け、余裕資金で頑張ってインフレに強い資産を購入しておくという考え方も充分にあり得ると思います。

まとめ

・資金に余裕があれば、妻が終身年金の逓増型に加入しましょう。
・年金の破綻を心配している人は、早く年金をもらって外貨を買いましょう。

4章 3

自営業の人の資産運用を考える

自営業については、実にさまざまなケースがあり、一概に論じることは容易ではありません。しかし、一般論として言えることはいくつかあります。

まず、自営業の場合は定年がないのですから、とにかく元気な間は働くということが基本です。年金がサラリーマンに比べて見劣りする（国民年金のみで、夫婦で最大月額13万円）のですから、金融資産がある程度ないと、長生きとインフレのリスクに対して安心できません。

国民年金の受け取り開始は、70歳まで待ちましょう。インフレに備えて株と外貨と物価連動国債に分散投資しておくべきことはサラリーマンと同様です。

自営業者は厚生年金がありませんが、それに代わる制度として国民年金基金があります。終身年金も選択できるので、長生きのリスクに備えることができます。月額6万8000円まで納付できるので、できるだけ多くの掛け金を支払って、老後の年金を充実させましょう。保険料納付時にも年金受け取り時にも税法上のメリットが大きいことも重要なポイントです。保険料が全額所得控除になるため、所得が比較的高い個人事業主には特にメリットが大きいと言えるでしょう。

物価スライドではないことから、インフレへの備えにはなりませんが、一方で少子化などにともなうマクロ経済スライドの対象ではありませんから、国民年金と国民年金基金に加入することで「分散投資」によるリスク分散となります。

ただし、一度加入すると脱退は難しく、払い込んだ保険料を途中で返還してもらうこともできません。自営業者はサラリーマンに比べて浮き沈みがあるため、「あと100万円あれば倒産を免れるのに」といった事態に陥る可能性が高いことには留意が必要です。

原則60歳までの加入ですが、国民年金に任意加入していれば、65歳まで国民年金基金にも加入できるので、老後の年金を充実させるために活用しましょう。

個人型確定拠出年金にも加入できます。国民年金基金と併せて月額保険料が6万8000円までです。長生きのリスクに備える観点から、受け取る年金は生命保険商品の終身年金を選択しましょう。

個人型確定拠出年金は、株式投資信託などで運用できますから、インフレのリスクにも対応しています。したがって、若い自営業者にはお勧めです。

自営業の場合には、そもそも共働きであり、夫の死後も妻が仕事を続ける場合と、夫が1人で従事しているために、夫の死後は妻が仕事を引き継がない場合があるでしょう。後者の場合には、自営業者に退職金がないことなどを考慮して、夫が**小規模企業共済制度**（128ページ参照）**や、場合により生命保険などに加入しておくことも要検討**かもしれません。

自営業者にとって大きな選択は、「法人成り」をするか否かです。株式会社を設立して自分が社長になることで、年金などに関してはサラリーマンとして扱われます。厚生年金に加入することで、妻が国民年金保険料と健康保険料を支払う必要がなくなります。

確定拠出年金を活用したい場合には、自営業者として個人型確定拠出年金に加入する代わりに、企業型確定拠出年金の制度を作ることができます。

法人成りをした場合には、妻を社員として給与を支払い、厚生年金にも加入させる選択肢も要検討です。サラリーマンの専業主婦という年金上の特権は失いますが、女性のほうが長生きする可能性が高いことを考えると、妻の年金を少しでも充実させておく安心感は大きいと言えるでしょう。

もっとも、こうしたことを検討する際には、個々の事情を検討する必要があるでしょう。特に、事業の性格や収益性などを考慮し、個人事業者が支払っている税額と法人税率などを見比べながらの検討が必要です。

したがって、本書としては、本件については「こうした選択肢を検討してみましょう」と提案するにとどめておきます。**具体的な検討の際には、ファイナンシャル・プランナー**（191ページ参照）**などに相談してみることをお勧めします。**

まとめ

・自営業者は国民年金基金、確定拠出年金で長生きリスクに対応しましょう。
・自営業者は、「法人成り」でサラリーマンとなる選択肢も検討しましょう。

4章

4 若手サラリーマンはどうするべきか

読者が若手サラリーマンである場合、あるいは読者が若手サラリーマンにアドバイスする場合、何を考えればいいでしょうか？「若いうちは自分に投資しなさい」というのは一理ありますが、老後への備えも並行して考えましょう。

サラリーマンは、年金保険料を給料から天引きされますから、年金の未納によって将来の年金が受け取れなくなる可能性は小さいでしょうが、転職したり独立して起業する場合などには手続き漏れに気を付けましょう。

個人型確定拠出年金に加入するという選択肢は要検討です（公務員なども2017年以降に加入が可能になる予定）。若い間は給料が高くないので、所得税率も低く、したがって払い込み額が所得控除になるメリットは小さいでしょうが、強制的に給与から天引きされるので、自制心が弱くて「つい使ってしまって貯まらない」という人にはいい制度かもしれません。

一方で、万が一の場合に備えて手元には少し置いておきたいということもあります。確定拠出年金は60歳まで引き出せないので、資金繰りのリスクには留意が必要です。したがって、たとえば**金融資産（NISAによる株式投資などを含む）が200万円を超えたら確定拠出年金を検討する**という目安は設けておいたほうがいいかもしれません。

将来の住宅購入を予定している場合には、財形住宅貯蓄という選択肢があります。現在のような低金利局面では、利子の非課税メリットは小さいでしょうが、一方で「強制貯蓄」のメリットは人によって大きいかもしれません。

もっとも、筆者としては、**住宅購入予定のある若者には不動産株（不動産会社の株式または住宅REIT。以下同様）を勧めます。**住宅は非常に大きな買い物ですから、これこそ「時間分散」をする必要があるのですが、「10年かけて、毎年住宅を10分の1ずつ購入する」ことはできません。そこで、次善の策として不動産株を毎月少しずつ購入するのです。住宅価格が上昇してしまえば、住宅購入に多額の費用がかかりますが、その場合には不動産株の値上がり益が少しは役に立つでしょう。反対に、住宅価格が値下がりすれば、不動産株が値下がりして損が出ますが、家が安く買えたのですから、がっかりする必要はまったくありません。

住宅購入の予定がなければ、株式と外貨を毎月少しずつ購入していきましょう。究極の時間分散投資になります。若いうちは、リスクをとった投資も悪くありませんから、成長中の若い企業の株を買ってみるのも悪くないかもしれません。

企業によっては、自社株を購入する持ち株会制度があるかもしれませんが、これはお勧めできません。「自社が発展していけば給料も上がり株価も上がるが、自社が衰退していけば給料も下がり株価も下がる」というのは分散投資の反対で、リスクが大きすぎます。もちろん、会社から持ち株会に補助金が出る場合もありますし、会社に忠誠心を見せておきたい場合もありますから、その場合には引き留めませんが。

生命保険は、「自分が死んだら家族が路頭に迷うだろう」と考える場合には、ぜひ加入しましょう。ただ、独身者には原則不要ですし、夫婦ともに正社員である共働きなどの場合には、子どもがいたとしても、生命保険への加入は必要とはかぎりません。慎重に考えましょう。

もしも加入する場合には、各社の商品を真剣に比較しましょう。付加的な疾病保険なども、よく検討して本当に必要なものにだけ加入しましょう。生命保険は、一生涯に支払う金額が巨額であるにもかかわらず、意外なほど何も考えずに何となく契約している人が多いのが実情です。自家用車を買うときは真剣に検討するのに、それよりはるかに高い金額を支払うことになる生命保険に対する検討が不充分なのは、合理的な行動とはいえません。まして保険セールスのGNP（義理、人情、プレゼント）戦略に乗せられてしまうのは問題です。

最近の若者は、退職世代と異なり、「サラリーマンの妻は専業主婦」という発想は乏しいでしょうから、**サラリーマンの妻もぜひ働きましょう。特に、妻も正社員である場合には、子どもができても正社員の地位を死守しましょう。**「妻の収入は全額を家政婦協会と家事代行会社に支払う覚悟」で働き続けましょう。もちろん、夫が家事育児に積極的に関与することも当然です。

育児のために一度退職してしまうと、復職するときに正社員となれる可能性は小さいので、生涯所得が大幅に減ってしまいます。加えて夫に万が一のことがあったときのリスクに対する備えという意味でも非常に大きなものがあります。

戦後、子どもの数が多く、電化製品も少なくて家事労働が非常に大変であった頃は、専業主婦でないと家庭が守れないこともあったのでしょうが、最近は子どもの数が少なく、家事も昔に比べると格段に楽ですから、夫婦で協力してぜひ頑張っていただきたいと思います。

住宅ローンを借りる際には、迷わず固定金利を選びましょう。今の超低金利を今後何十年も享受できることは素晴らしいことですし、何と言っても固定金利の負債はインフレで目減りしてくれるので、インフレへの備えになるのです。変動金利の負債は、インフレになると金利が上昇してしまうので、絶対に避けましょう。

30代、40代で超低金利の固定金利住宅ローンを借りたら、急いで返すことはありません。新しく借りる住宅ローンは超低金利でしょうし、住宅ローン残高に応じて住宅ローン控除が受けられる場合もあるでしょう。モデルケースの50代後半のサラリーマンについては、過去に借りた比較的金利の高い負債を抱えている場合が多いので返済を勧めますが、40代であれば、あるいは50代であっても最近借りた低金利の住宅ローンは、返済を急ぐ代わりに定年まで少しずつ時間分散で株と外貨に投資することを検討しましょう。そして、60代後半にそれを少しずつ売りながら生活し、年金の受け取り開始を遅らせましょう。

投資に際しては、**株と外貨を少しずつ時間をかけて購入すること、利用資格があれば税金の節約を考えて個人型確定拠出年金制度を利用すると同時に、万が一に備えた資金としてNISAでの株式投資（日本株ETF、外国株ETF）も行ないましょう。**

そうなれば、60歳時点で相当額の株と外貨を保有していることになります。退職金は借金の返済に充当すれば、モデルケースの60歳時点のように「巨額の現金を保有していてインフレのリスクを抱えている」ことにはならないでしょう。

本書の関心事項からは外れますが、**どんなに若くて資金に余裕がなくても、10万円分だけは投資しましょう。**たとえば5万円分の外貨と5万円分の株式投資信託を持っているだけで、経済のニュースに対する興味が持てるようになります。儲かったとか損したとかではなく、「経済の話題に詳しくなった」というのは「自分への投資」として大きなリターンが期待できるものだと思います。

若者は世代間格差の被害者か

「若者は、世代間格差の被害者だ」という被害者意識は捨てましょう。被害者意識を持っても、自分の老後資金が増えるわけではありませんから、無用なストレスを溜め込むだけです。

たしかに、少ない人数で多くの高齢者を支えなければいけないのですから、そこだけを取り出してみれば「割り負けている世代」と言えますが、若者世代が割り勝っている部分も数多くあります。まず、子どもの頃から日本は豊かな国でしたから、美味しい物を食べて育ったでしょう。集団就職列車に乗って都会に出て来た親の世代よりも、はるかに恵まれた子ども時代を送ったはずです。

今後についても、少子化のおかげで親の遺産を少ない人数で分配できるのです。もちろん、遺産相続については格差が非常に大きいですから、読者の立場や状況によりまったく同感しない場合も多いでしょうが、それは「世代内格差」によるものです。「自分の親が貧しいから自分の老後も辛い」ということは確かにあり得ますが、それは世代間格差とは別の問題なのです。

親が貧しい若者にも、親世代に割り勝っている面もあります。それは、今後の日本が恒常的な労働力不足だということです。親の世代よりも、失業のリスクは格段に小さいはずです。加えて、主婦や高齢者も簡単に仕事を見つけることができるようになりますから、夫婦の共働きが増え、定年後も元気な間は仕事を続けることができるでしょう。これは家計にとって非常に助かる話です。

まとめ

・NISAを活用しましょう。家を買う予定があれば、REITを買いましょう。
・住宅ローンは、迷わず固定金利で借りましょう。
・住宅ローンの返済を急ぐより、株と外貨を少しずつ買っていきましょう。

第5章

機動的な運用の留意点

前章までは、「初心者がそのとおりに実施すればリスクが回避できるマニュアル」を記してきましたが、マニュアルどおりでは物足りないと考える読者もいるでしょう。そこで本章では、株の買いどきと売りどきの判断をする際の注意事項などについて記します。マニュアルどおりの運用でいいという読者は、本章を飛ばして第6章へ進んでください。

5章 1

株価の割高・割安の簡単な見きわめ方

これまで、初心者の株式投資は、相場観を持たずに淡々と時間分散を図るべきという方針を説明してきました。しかし、読者の中には「相場観を持って、買いどきと売りどきを自分で判断したい」という方もいらっしゃるでしょうから、ここからは、そうした方のために、株式投資のタイミングを考える際の基礎知識について記していきます。

まず重要なことは、価格の変化ではなく価値を追求することです。長期間保有することで、配当を受け取りながらインフレに備えるわけです。価格変化を追わないのですから、**「値上がりしそうなときに買う」のではなく、「割安なときに買って、正当に評価されるまでじっくり待つ」姿勢が重要です。**割安のときに買えば、いつかは正当な評価となるでしょうから、その分の値上がり益も「おまけ」として付いてくるという気持ちで望みましょう。

株価は、常に価値と等しいわけではなく、市場の噂や思惑、景気変動、金融政策などによって大きく振れますが、長い時間の間には、妥当な価格を中心として上下に行ったり来たりする力が働きます。そこで、割安なときに買って、正当に評価されるまで待つ、あるいは正当に評価されても売らずにインフレに強い資産として持ち続けることが望まれます。割高だと判断できるほど値上がりすれば、そのときには一度売却して、株価が割高でなくなるところまで下落したら、あるいは割安であるところまで下落したら再び購入するといった投資戦略は望ましいといえるでしょう。

株式の価値を正確に知ることは困難ですが、現在の株価が「割高」「割安」「妥当な範囲内」のいずれであるか、といった何となくの評価であれば、それほど難しくありません。そのための尺度として、広く用いられているのが「**PER**（Price Earnings Ratio）」と「**PBR**（Price Book-value Ratio）」です。

PERとは、株価を1株あたり利益で割った値のことで、成長企業のPERは高く、成熟企業のPERは低い傾向がありますが、日経平均株価で見るとおおむね14倍と20倍の間で推移しています。つまり、大雑把な基準としては、**日経平均株価のPERが14倍以下なら割安、20倍以上なら割高**と考えてよさそうだとなります。

もっとも、リーマン・ショック直後のように企業収益が極端に落ち込んでいるときにはPERは当てになりませんから注意が必要です。こうした問題を避けるため、今年の1株あたり利益ではなく過去10年の1株あたり利益の平均値を用いるべきという考え方もあります。そのとおりだと思いますが、この手法はそれほど広まっていないので、自分で過去10年の利益の平均を計算しなければならないのは難点です。

PERとは

企業の利益を発行済み株式数で割った値が1株あたり利益で、株価を1株あたり利益で割った値がPER（株価収益率）です。

100円で株を買って2円の配当があれば、配当利回りは2％です。しかし、企業は利益をすべて配当するわけではなく、配当されなかった利益は内部留保として設備投資などに用いられます。この部分も株主のものであり、長期的には設備が利益を生んでいっそう大きな配当として株主に配分されることになるでしょう。そうであれば、配当と内部留保を合計した1株あたり利益が重要になります。

短期的な価格変化ではなく、価値に投資する観点で見ると、100円で株を買った会社が、1株あたり利益が5円であるとすれば、投資が5％で運用できていると考えてもいいでしょう。これを株式益利回りと呼び、投資がしっかりと運用できているか否かを判断する材料となります。

同じことを逆から見てみましょう。5円の運用成果を得られる株が100円で売買されているとします。運用成果の20倍です。この倍率のことをPERと呼びます。この株価は高すぎるでしょうか？　低すぎるでしょうか？　それを判断するためには、他の株とPERを比べてみたり、過去のPERと比べてみたりすることが有益なのです。

PBRとは、株価を1株あたり純資産で割った値のことで、企業の業種などによる差がありますが、日経平均株価で見るとおおむね1倍と2倍の間で推移しています。つまり、大雑把な基準としては、**日経平均株価のPBRが1倍以下なら割安、2倍以上なら割高**と考えてよさそうだということになります。

1株あたり純資産は、利益額に比べてはるかに安定していますから、リーマン・ショックのような出来事があっても、比較的安心して指標として用いることができるでしょう。

PBRとは

企業の純資産（自己資本とも呼びます。貸借対照表の右下の部分のことで、企業の資産から負債を引いた額です）を発行済株式数で割った値が1株あたり純資産で、株価を1株あたり純資産で割った値がPBR（株価純資産倍率）です。

ＰＢＲを考える出発点は1倍です。企業が解散するときには、資産を売却して負債を返済して残額を株主に分配しますので、株主は1株あたり純資産だけ受け取れる計算になります。株価がこれを下回っているのは、不自然ですから、ＰＢＲが1倍を下回っているときには株価は売られ過ぎで割安だと考えていいでしょう。場合によっては、アベノミクス前のように、1倍を下回った状態が長期にわたって続く場合もありますが、いつかは戻ると信じて待つことが重要です。

実際には、多くの企業は解散せずに収益を生んでいます。収益の源泉は、決算書に載っている自己資本だけではなく、企業の持つノウハウや顧客リストなども収益に貢献しているのですから、こうした源泉の価値も株価に反映されるべきでしょう。そう考えれば、ＰＢＲは1倍を上回るべきだと言えます。

どの程度上回るべきかは難しいですが、過去の経験からは、日経平均株価のＰＢＲが2倍を上回ることは多くありません。そうであれば、ＰＢＲが2倍を上回っているときには株価は買われ過ぎで割高になっていると考えていいでしょう。

まとめ

・平均株価のＰＥＲが14倍以下なら割安、20倍以上なら割高と考えましょう。
・平均株価のＰＢＲが１倍以下なら割安、２倍以上なら割高と考えましょう。

5章 2 株式投資で銘柄を選ぶときの注意点

これまで、初心者の株式投資は、銘柄選択をせず、分散投資として投資信託（具体的には手数料の安いＥＴＦ）で行なうべきという方針を説明してきました。しかし、読者の中には「自分で銘柄を選んで投資したい」という方もいらっしゃるでしょうから、ここからは銘柄を選ぶ際の注意事項などについて記していきましょう。

上場企業の中にも、将来の成長が見込まれる若い企業があります。成長企業の株は夢があります。将来、企業が大きく成長して1株あたり利益が何百倍にも増える可能性があるからです。たとえ現在のＰＥＲが１００倍であっても、利益が５００倍に増えるとすれば、将来の株価は何倍にも値上がりするでしょう。しかし、将来の成長は約束されたものではありません。企業が急成長すると人材育成が間に合わなかったり、経営者のコントロールが行きわたらなかったりして、思わぬ挫折を味わうこともあり得ますし、急成長する新しい産業であれば、手強いライバルが登場して競争に負けてしまうかもしれません。つまり、成長企業への株式投資はハイリスク・ハイリターンなのです。こうした企業への投資は、「100銘柄買って、99銘柄はゼロになっても1銘柄が500倍になればラッキー」といった発想で行なうべきものですが、100銘柄も買える資金を持っている個人投資家は少ないでしょうから、老後資金としてはお勧めできません。若い人ならば、夢を買うつもりで少し冒険してみてもいいかもしれませんが、**老後資金での冒険はやめましょう。**せいぜい、宝くじでも買うつもりで少額の投資を検討してみる程度にとどめておきましょう。

成長企業と比べると、成熟企業の株は夢を追えない分だけリスクは少ないですが、これとてリスクがないわけではありませんから、やはり少なくとも数銘柄には分散投資をしましょう。

ちなみに、筆者が株式投資をはじめたのはバブルの前ですが、当時言われたことは今でも覚えています。「素人が最初に買うのは、安全確実な銘柄にしなさい。たとえば法律で収益性が保証されている東京電力とか日の丸銘柄の日本航空とか」。**株式の銘柄選びにおいて、いかに絶対安全なものがないかということですね。だから分散投資が必要なわけです。**

分散投資の銘柄を選ぶときも価格の変化を追わず、長期投資でじっくり配当を得ながらインフレに備える姿勢が重要です。そして、**株式を購入したら、日々の株価を見るのではなく、企業が安定した利益をあげ続けているか否かをチェックしましょう。**安定して利益をあげているならば、株価が下がっても動揺せず、安心して持ち続けていれば、いつかは株価が戻るはずなので、株価をチェックする必要などないのです。

問題は企業の決算が悪かった場合です。一時的な要因で赤字になったのであれば、気にする必要はありませんが、企業の競争力が落ちてきたときや、経営に問題があって赤字からの脱却が難しそうなときには残念ですが売りましょう。このように、株価は見る必要がなくても、株式投資先の決算は注目しておく必要があるのです。

なお、老後の株式保有となると、株主優待も楽しみのひとつでしょう。企業としては、個人株主に長期的に株式を保有してほしいと考えて、自社製品（あるいは自社の店舗で使える利用券など）を株主に配る場合が少なくありません。企業としてみれば、原価は定価よりはるかに低いので、客が喜んでくれるほどにはコストはかかりませんし、客が食べてみて美味しかったら次回は購入してくれるかもしれないという期待もあるので、「街頭での試供品配布」的な面もあります。あれこれ考えると、受け取る側の株主としては、結構お得感のある株主優待が少なくないのです。たとえばお気に入りのレストラン・チェーンの株主になって、年に何度か無料で食事をするのは老後の楽しみのひとつとして悪くないでしょう。

まとめ

・老後の資金は成長企業より成熟企業の株式に投資しましょう。
・成熟企業でも、銘柄と時間の分散投資は重要です。

5章 3

アクティブ・ファンドの留意点

ＥＴＦではつまらないので、アクティブ・ファンドに投資したい、という読者もいるでしょう。その場合の留意点を記します。

投資信託、特に**アクティブ・ファンドは、販売している銀行や証券会社が乗り換えを勧める場合がありますので注意が必要です。**彼らにとっては、買ったまま持っている客よりも、頻繁に解約して新しい投資信託を購入する客のほうが手数料が儲かります。そこで、投資信託が値上がりしてくると、「だいぶ値上がりしましたから、このあたりで解約して利益を確定させて、新しい投資信託を買いませんか？」といった勧誘をしてくることがあります。しかし、これはよほどの事情がないかぎり、無視すべきです。

たとえば、「日本株の投資信託が値上がりしているのは日本がバブルだからであって、バブルが崩壊する前に日本株の投資信託を解約して、今度はバブルではない米国株の投資信託を買いましょう」といった理由があるのならば別ですが、日本株も米国株も同様に値上がりしているのであれば、日本株の投資信託を解約して米国株の投資信託を購入する理由がありません。そのあたりの**説明をしっかりと聞いて、充分納得できる理由がある場合にのみ、言われたとおりの取引をしましょう。**

これに関してひとつ問題なのは、すべての投資家が同じ勧誘を受けるとして、読者以外の投資家が承諾すると、読者の保有している投資信託の残高が急減し、運用が続けられなくなりかねないのです。実際、そうして運用停止（繰り上げ償還）になる投資信託も数多くあります。

そうした目に遭わないためには、独立系の投資顧問会社が運営する投資信託を購入するといいかもしれません。大手金融機関の傘下に入っていない投資信託会社は、親会社の意向に従った運用をする必要がない点も安心材料です。独立系の投資信託は玉石混交でしょうが、各種ファンド大賞などを受賞しているところであれば、ある程度信頼してもいいと思われます。

独立系投資信託に関しては、あまりにも運用成績のいいところは詐欺かもしれませんから、気を付けましょう。

詐欺師が独立系の投資信託を作ったとしたら、最初に高い運用成績を達成して（10万円投資してくれた客に20万円払い戻して客を信用させて）、多くの客を集めてから消えるという手口を使うでしょう。そうした目に遭わないためにも、時間分散投資は有効です。少しずつ投資し

ていけば、万が一詐欺師の投資信託を購入してしまっても、被害額は限定的なもので済むから
です。

まとめ

・アクティブ・ファンドなら、独立系が長期投資に向いています。
・独立系は詐欺もあり得ますが、時間分散していれば被害は限定的です。

5章 4

市場が暴走する恐さを知っておく

本書の基本姿勢は、「初心者が守りの運用をするためのマニュアルを提供するので、マニュアルどおりに運用してください」というものですが、読者の中にはマニュアルどおりでは気に入らないので、機動的な運用を試みたい人もいると思います。そうした人は、「PERやPBRが高いときに売り、低いときに多めに買う」といった工夫をしてみましょう。

その際、**くれぐれも注意していただきたいのは、株価の予想は決して簡単ではないということです。**筆者が好んで用いる説明は、「株価の予想が簡単なら、今頃筆者は大金持ちになっているでしょう。そうならば、少額の印税を稼ぐために本の執筆に汗を流すのではなく、昼は証券会社、夜は銀座、休暇はハワイという生活をするでしょうね」というものです。筆者は株価の予想ができないから、大金持ちになれないのです。せいぜい、51勝49敗で、証券会社の手数料を差し引くと、小遣いが残るか否かといった程度です。

経済が成長を続け、株価が長期的には上昇していく経済においては、「プロは大きく儲け、初心者も小さく儲ける」ことが可能でしょうが、日本の経済は少子高齢化で縮小していくと予想されています。これまでもバブル崩壊以降、日本経済はゼロ成長が続き、株価は大きな方向性としては横ばいでしたが、今後も大きな方向としては横ばいだと考えておいたほうがいいでしょう。そうしたなかで、プロと初心者がゼロサムゲームを闘うとすれば、おのずと結果はしれています。

あくまでも、「インフレが来れば上がるので、インフレが来たときの備えとして株を持っておく」のであって、「株式投資で儲けよう」ということではないのです。

今ひとつ、**ぜひ知っておいていただきたいことは、「市場は暴走する」ということです。**バブル期の雰囲気を覚えている読者は納得していただけるでしょうし、リーマン・ショック後の暴落を見るだけでも、「市場が暴走する」イメージはお持ちいただけると思います。

バブル期の地価と株価は、あとから考えると「どうしてあそこまで値上がりしたのだろう」と不思議に思うようなレベルでした。「あんな高値で買ったのは、バブルに踊った愚か者だったのだろう」と考える人も多いでしょう。しかし、そうではありませんでした。

もしも、「欲に目が眩んだ愚か者だけが踊っているバブル」であるならば、政府日銀がもっと早い段階でバブルを潰したでしょう。そうしなかったのは、彼らもバブルだと思っていなかったからです。バブルかもしれないと思っていた人はいるでしょうが、「バブルに違いない」とは思っていなかったはずです。

さらにいえば、日本経済を動かしているような賢い人々の中にも、バブル期に住宅ローンを借りて自宅を買った人が大勢いました。バブルだと思っても株の短期売買をする人はいるでしょう。しかし、バブルだと思ったときに自宅を買う人はいないはずです。つまり、彼らが自宅を買ったのは、賢い人々でもバブルだと思っていなかったからなのです。

バブルの怖さはここにあります。賢い人でもバブルだと気付かずに、結果としてバブルに踊るのです。まして、日本経済のことも投資のこともよく知らない人がバブルに踊ることは充分あり得ます。「自分は愚か者ではないから大丈夫だ」と考えることは非常に危険なのです。

バブルのときに暴走する市場はバブル崩壊時にも暴走します。バブル期に「値上がりしたら売ろう」と思って買った投資家たちは、これ以上値上がりしないと思ったときに、一斉に売り注文を出します。それにより株価は大きく下がります。「適正株価」を大きく下回るところまで値下がりすることもしばしばあります。たとえばPBRが1倍を大きく割り込む場合などです。

適正株価を下回っているときには、「売らずに持っていれば株価が戻るだろう」と考える人もいますが、そうではなく売り注文を出す人も多いのです。たとえば「借金で株を買っていて、借金の返済を迫られているので株を売らざるを得ない」人です。銀行にしてみれば、「株式購入資金」を貸し出した相手が倒産する可能性を考えて、急いで回収しようとするのは当然です。そうした銀行からの催促により、売らざるを得ない人が増え、株式の売り注文が増えて、いっそう株価が下がってしまうわけです。信用買いをしている人が「追証」を迫られて、泣く泣く売却するのも同じことですね。

さらには、「借金で株を買っている人が、今後も株を売るだろうから、株価はさらに下がるだろう。今のうちに売っておいて、株価が下がったところで買い戻そう」と考える人もいます。

こうした売り注文は、「適正株価が理解できない愚か者」によるものではないので厄介です。賢い人々の売り注文によって株価が下がり続けていくと、**今後についても株価はどこまでも下がっていきそうな気がして、「早く売らないとこの世の終わりが来る」という雰囲気が広まってきます。そうしたときには、絶対に売ってはいけません。ぜひ、気を付けてください。**

さて、バブルのピークで買ってしまったり、バブル崩壊後のパニックの最中に売るのではなく、バブルのピークで売り、パニックの最中に買うことができればすばらしいでしょう。しかし、これは困難なことです。

バブルのピークには、ふたつのタイプがあります。皆が「日本経済は素晴らしいから、株価が高いのは当然だ」と思っているバブルでは、値下がりがはじまってもバブルが崩壊したとは思わず、「やっと買いどきが来た」と考えてしまう人が多いのです。そうしたときに「バブルのピークだから売っておくべきだ」ということに気付くことは容易ではありません。

ピークの今ひとつは、「さすがに株価は高すぎるから、売りどきを見計らって売ろう」と皆が考えているときです。そうしたときに何かあると、水鳥の羽音に怯えて平家の大軍が逃げ出したように、一気に売り注文が殺到し、株価が暴落します。あっという間に暴落するので、この場合も売り逃げるのは容易ではありません。

パニックの本質は後者のバブルと似ています。「下がりすぎているが、売らざるを得ない人々が売っているから、さらに下がるだろう。買いどきを見計らって買おう」と考えている人が大勢いるので、いざ上がり始めると、一気に価格が戻ってしまうのです。

「魚は、頭と尾は食べられない」と言います。バブルのピークで売り、パニックのボトムで買おうという心意気は立派ですが、実際には難しいので、あまり欲張らずに、割高だと思ったら少しずつ売っていく、割安だと思ったら少しずつ買っていく、といった姿勢で臨んではいかがでしょうか。

まとめ

- 株価は予想困難です。価格を追わずに長期投資でインフレに備えましょう。
- バブルはそのときは気付かないので、賢者も結果として踊ってしまいます。
- ピークで売る、ボトムで買うのは難しいので、欲張ると儲け損ないます。

第6章

その他の留意点

本章は、文字どおり「その他」ですから、雑多な題材を扱っています。親が亡くなって自分が相続人となる場合の心がまえ、専門家のアドバイスを上手に利用するための心がまえ、NISAの使い方、30年後の日本経済の予測です。30年後の日本経済では、インフレのリスクが高いこと、財政や年金の破綻リスクが低いことなどを記しました。

6章 1 親からの相続について考えておこう

最近は親も長生きしますから、退職世代が親から相続をする場合も多いでしょう。父親が亡くなったときは、母親が全額を相続することで納得しても、母親が亡くなったときに兄弟（姉妹を含みます。以下同様）で激しい争いになり、相続を機に兄弟が口もきかなくなった例は多いようです。兄と弟は平和に解決したいと思っても、兄嫁と弟嫁が参戦し、争いになった例もあります。「兄弟は仲良くしたいが、遺産も欲しい」というジレンマに陥っている人も多いでしょう。

親が遺言を残してくれれば、比較的争いは少なくて済むようですが、遺言がないと面倒なことになりかねません。その場合の相続は、法定相続分（２０８ページ参照）どおりに分配するのが無難でしょうが、「遺産が親の家だけで、そこに兄夫婦が同居していた。弟は自宅を購入済みで、親の家を売って売却代金を半分欲しいと主張している」といったことがあると、そうも言っていられません。遺産を半分ずつ分けるとしても、不動産を相続税評価額で評価すべきか市場実勢（実勢価格がわからない場合も多いでしょうが）で評価すべきかといった争いも起きかねません。遺言があっても「遺産をすべて愛人に」「長男は嫌いだから遺産は全額次男に」などと書いてあれば、問題になるでしょう。本書としては、「とにかく仲良くやってください」としか書けませんが……。

相続争い以外にも、相続には留意点が多数あります。**最大の問題は、手続きが面倒なことです。**たとえば故人の銀行預金を引き出そうとすると、「相続人全員の承諾が必要です。ついては、相続人が他にいないことを証明してください」と言われます。そのために、故人が若かった頃の戸籍を出身地の自治体から取り寄せ、隠し子がいないことを証明する必要があるのですが、こうした手続きは不慣れな人が試みると大変です。**費用はかかりますが、プロに頼むことも考えましょう。**ちなみに筆者は父が亡くなったとき、信託銀行に相続手続き一切を依頼しました。

なお、相続には時間がかかりますので、親の葬儀費用等の支払いには間に合いません。相続人にはある程度の預金が必要なのです。

被相続人が多額の借金を抱えている場合は、「相続の放棄」を検討しましょう。相続が発生したことを知ったときから3カ月以内に申し出る必要がありますので、注意が必要です。資産と負債のいずれが多いか不明なときには「限定承認」という選択肢もありますので、これも検討しましょう。被相続人が他人の借金の保証人になっている場合なども、要注意です。

さて、無事に相続が終わったとして、相続した不動産や株式はどうすべきでしょうか。思い出が詰まった親の家を売りたくない人は多いのですが、**経済的なことを考えれば、原則として不動産は直ちに売るべきでしょう。**不動産は持つだけで維持費がかかりますし、都心以外の不動産は人口減少により長期的に値下がりする可能性が高いからです。

相続した株式は、多数の銘柄に分散されていれば、あるいはETFなどであれば、そのまま保有してもかまいませんが、被相続人がかつて勤務していた企業の株式などに偏っている場合は売却し、第3章を参考にしながら分散投資を心がけましょう。その際は、一気に売るのではなく、時間分散を心がけましょう。ただ、個別株を売ってETFを購入する場合は、それほど時間分散にこだわる必要はないでしょう。日経平均株価が上がる（下がる）ときは多くの銘柄が上がる（下がる）場合が多いからです。被相続人が同族会社の創業家の一員であり、大量の株式を保有している場合などは、親戚との関係などもあるでしょうから、自分の都合だけで売却するわけにいかないかもしれませんが。

まとめ

- 親の遺言がないと、相続争いが起きかねません。
- 相続争い以外でも、相続は手続きが大変面倒です。
- 被相続人が借金を抱えているときには「相続の放棄」を検討しましょう。

6章 2 専門家を上手に活用する

現代の経済は分業により成り立っています。どんなスーパーマンでも食料も洋服も自動車も自分で作る人はいないでしょう。それぞれが得意なことに専念し、得られた所得で他人の生産物を購入することが合理的なのです。その一例として、専門家の活用があります。

「日本人はモノには喜んで代金を支払うが、サービスは無料だと思っているのでサービスに代金を支払うことを嫌う人が多い」と言われます。しかし、専門家のサービスは時として非常に役に立つので、代金を支払う価値が充分にあります。

筆者は、父が亡くなったとき、信託銀行に相続手続き一切を依頼しました。そのときに担当者が言ったことが印象的でした。「お客様には一生に一度のことですが、私は毎日やっていますので、お客様よりはるかに楽に手続きができます。私の手間賃に若干の利益を上乗せしてご請求させていただきますが、ご自身が手続きをなさることを考えれば、割安だと思いますよ」。

納得しました。相続人が完全に引退していて「ボケの防止を兼ねて、自分で手続きをする」場合はともかく、相続人が働く意欲があるなら、仕事を頑張って、その収入の中から信託銀行などに支払いをするほうが合理的だと思います。「分業」とは、そういうものではないでしょうか。

本書に関連する専門家としては、弁護士、税理士なども役立ちますが、気軽に相談できる相手として、ファイナンシャル・プランナー（FP）を活用しましょう。日本FP協会のホームページ（https://www.jafp.or.jp/confer/）には、「FPとはくらしとお金に関わる幅広い知識を持った『家計のホームドクター』です！」とあります。大病院の専門医師に相談するのは敷居が高いので、まずは街の医院に行ってみようといった感覚で、**FPに気楽に相談してみましょう。**

たとえば「生活を見直そう」と考えた場合、何百人もの「生活の見直し」に立ち会った経験のある人に話を聞くと、さまざまなアイデアが湧いたり、あるいは反対に自分が試みようとしていたことが意外と実現困難であることがわかったりするかもしれません。

年金について勉強しようと思った場合には、本書をお読みいただいたうえで、いろいろ調べれば、自分でもわかることは多いと思いますが、年金制度の細かい規則の変更などを自分でフォローするのは大変でしょう。そうしたときに、年金について毎日勉強しているFPの話を聞くことは、大いに手間が省け、しかも思い違いが減る効果が見込まれます。

料金としては、1時間あたり5000円から1万円程度の相談料のところが多いようです（念のため、料金を確認してから相談しましょう）。なお、街の医院にも小児科や耳鼻科などがあるように、ＦＰにも得意分野がありますので、そのあたりも調べてから相談にいきましょう。上記日本ＦＰ協会のホームページで、希望条件に沿ったＦＰが見つかると思います。

ただ、何でも専門家に聞けばよいというものではないので、注意が必要です。**たとえば生命保険会社のセールスパーソンは、生命保険の専門家ですが、彼らに「生命保険は加入したほうがいいでしょうか」と聞くのは賢いことではないでしょう。**それは、相手の立場に立って考えれば明らかです。読者が生命保険会社のセールスパーソンだったとして、客からそう聞かれたら、何を考えて何と答えるでしょうか。

最近は、街中で「保険のことなら何でもご相談ください。無料でご相談に応じます」といった店を見かけます。彼らに聞くのも賢いことではないでしょう。慈善事業ではありませんから、彼らは親切で相談に乗っているわけではありません。相談に乗り、相談者が保険契約をすれば、保険会社から手数料を受け取れるのです。そうであれば、読者が彼らの立場だとして、相談者にどう対応しますか。相談されたとき、「あなたには保険は不要です」と回答するでしょうか。

世の中、無料《ただ》ほど高いものはないといいます。ＦＰに相談するためのわずかな費用を惜しんで保険会社などに保険の相談をしてしまうと、惜しんだ金額の何倍ものコストを払わされることになりかねませんから注意してください。

証券会社の担当者との付き合い方も、ひと工夫必要かもしれません。証券会社は、フローの商売ですから、顧客が売り買いをすることで手数料を稼いでいます。最近では、昔と比べると強引な例は減っているようですが、顧客に頻繁に取引をさせようとして、「情報提供」を装って、頻繁かつ強引に取引を勧誘する場合が少なくないといわれています。

心配ならば、インターネット証券を利用する手があります。面倒な勧誘はありませんし、手数料も安いですから、インターネットなどが苦にならない方は、これも選択肢でしょう。

もっとも、投資に不慣れな方は、アドバイスが必要でしょうし、一度買ったものを長期保有するのであれば、手数料もそれほど高くならないので、普通の証券会社でも問題ないと思います。

筆者は、証券会社に口座を開設したうえで、「情報提供や勧誘は不要です。当方が質問したことに答え、依頼した手続きを行なっていただければ、それだけで充分です」と明確にお願いしてあり、特に困ったことはありません。

まとめ

・専門家のアドバイスは、上手に使えば相談料をはるかに超えるメリットです。
・無料で受けられる専門家のアドバイスは、「意図」に注意しましょう。

6章 3 NISAを上手に使って非課税で投資する

株式（株式投資信託を含む）投資などで配当金を受け取ったり、譲渡所得（売却益）が出ると、原則として配当金や利益に20％強の税金が掛かります。その例外として2014年1月から導入されたのがNISA（少額投資非課税制度）です。**NISAは一定の条件を満たす投資については、配当や譲渡所得などが非課税になる制度です。**

サラリーマン投資家の多くは、特定口座の「源泉徴収あり」を利用し、自分で税金を計算していないため、重税感がない人も多いかもしれませんが、非課税になるなら前向きに検討せざるを得ないでしょう。

まず、NISA口座を開設する金融機関をひとつだけ決めて、そこに住民票などの書類を提出し、口座を開設します。条件は20歳以上であることです。**非課税枠は、1人あたり年間100万円です。**つまり、年内に100万円まで株式や株式投資信託などを非課税枠で購入できるわけです。なお、100万円は購入額であって残高ではないので、一度100万円分を購入すると、その後に値下がりして時価評価額が100万円を下回った場合にも、一部を売却して残高が100万円を下回った場合でも、年内は新たに非課税枠で購入できません。

2016年からは、100万円の枠が120万円に拡大されます。また、子ども版NISAが導入されます（非課税枠は年間80万円で、原則18歳になるまで引き出せません）。

非課税期間は5年で、非課税枠は毎年あるので、来年から5年間で毎年120万円ずつ投資すれば、合計で残高600万円まで非課税で投資できます。6年目以降も非課税枠はありますから、5年前に購入した株式などは、毎年120万円までの範囲内で新しい非課税枠に移管（ロールオーバー）できます。つまり、600万円の非課税枠は6年目以降も維持できるのです。

ただし、NISAも、いいことばかりではありませんから注意が必要です。まず、他の口座との損益通算ができません。たとえばNISA口座でA株を、他の口座でB株を買ったとします。A株が値下がりし、B株が値上がりした場合、B株の譲渡益はそのまま課税されてしまいます。もしもA株とB株が両方ともNISA口座であれば、非課税ですから問題ありませんし、もしも両方をNISA以外の口座で買っていたら、損失と利益を相殺して差額分だけの課税で済んだわけですから、この場合は片方だけNISAを用いたことで損をしたことになります。

最初の5年間で損をして、その後に儲かったときも同様です。たとえばNISA口座で購入したC株が値下がりしたため、5年後にその株を一般口座に移したとします。その後にC株が買った値段に戻った場合、6年目以降の値上がり益には課税されてしまうのです。はじめからNISA口座でずっと持っていれば問題ありませんし、はじめから一般口座でずっと持っていても問題なかったのですが、途中で移したために課税されてしまうことになったのです。

こうした問題はありますが、普通の庶民夫婦であれば、2人で1200万円の非課税枠を持つわけですし、本書が勧めるのは「少しずつ時間をかけて株式を購入し、一度買ったら長期的に保有する」というものですから、「とにかく株式投資はNISAで行なう」と決めればいいのであって、特に問題ありません。リッチな夫婦は気を付けてくださいということです。

今からできる準備は、夫から妻に110万円の贈与を行って、妻名義の金融資産を増やしておくことでしょう。将来、2人の合計のNISA枠を目一杯活用できるようにしておくのです。

まとめ

・NISAは「時間分散投資で長期保有」という本書の考え方に合っています。
・金融資産の多い人は、NISAでかえって税額が増えることもあり得ます。

6章 4

30年後の日本経済を予測する

本書は、長生きとインフレのリスクに備えるための本です。長生きについてはともかく、インフレについては、これまでのデフレ時代とは頭を切り替えて備える必要があります。

短期的には、日銀総裁がインフレ率（消費者物価上昇率）を2％にすると宣言しているのですから、2％程度のインフレは覚悟が必要でしょう。問題は、そのために日銀の金融緩和が続くと、預金金利のゼロが当分の間続き、預金が目減りしていくことです。

しかし、いっそう重要なのは、少子高齢化にともなう中長期的なインフレのリスクです。バブルが崩壊してから、日本経済は長期低迷の時代が続き、失業問題が常に関心の的でした。しかし、その間に少子高齢化が進み、団塊の世代が引退し、水面下では人手不足の源が徐々に形成されていたのです。

それが表面化したのが、アベノミクスです。アベノミクスにより景気は回復しましたが、経済成長率は2013年度が2％程度、2014年度がマイナス1％程度であり、経済規模が大きく拡大したわけではありません。しかし、この程度の経済成長でも人手不足が深刻化したのです。それは底流で少子高齢化にともなって労働力供給が減りつつあったからです。

今後も短期的な景気の変動はあるでしょうが、少子高齢化の流れは確実に進みます。仮に画期的な少子化対策が採られたとしても、生まれてくる子どもが労働力となるのは何十年も先の話なので、残念ながらこの予測はほぼ確実に当たってしまうのです。少子高齢化が進めば、労働力が不足します。高齢者も消費はしますので、「使う人」と「作る人」の比率が変わり、作る人が足りなくなっていくからです。

労働力が不足すると、企業が労働力の奪い合いを始めますから賃金が上がります。それにより現役世代は潤いますが、高齢者世代は賃金上昇にともなうインフレに悩まされるでしょう。

賃金上昇を介さない物不足によるインフレも起きるでしょう。極端な話、現役世代が皆で高齢者の介護をするようになれば、製造業でモノづくりをする現役世代が減り、物が作れなくなり、物が不足し、物の値段が上がるのです。物が足りなければ輸入すればいいのですが、輸入するために大量の外貨を買うと外貨が高くなりますから、外貨建て輸入価格が変わらなくても円建て輸入価格が上昇し、やはりインフレになるのです。

ここまでは、メインシナリオとしての予想ですが、リスクシナリオ（ないことを祈るが、悪くすると起こるかもしれない事態）もあります。

第一は、大災害です。今後30年以内に大地震が発生する確率は比較的高いと言われています。大都市部で大地震が発生すると、工場が大打撃を受けて生産が落ち込む一方、復興資材の需要が猛烈に高まりますから、圧倒的な物不足となってインフレになるでしょう。不足した物を輸入すれば、外貨高円安になって輸入物価が上がるでしょうから、やはりインフレになるでしょう。

第二は日本国債の暴落がインフレを招くリスクです。後述のように、日本政府が破産することはあり得ませんが、日本政府は巨額の負債を抱えていますので、外国人投資家が「日本政府は破産するだろう。急いで国債を売って、売却代金を外貨に換えて本国に持ち帰ろう」と考えるかもしれません。多くの外国人投資家が一斉に国債を売れば、国債が暴落すると同時に猛烈な外貨高円安になるでしょう。日本人の中にも「外貨が値上がりしそうだから、外国人投資家が買う前に外貨を買っておこう」と考える人がいるでしょう。そうなれば、外貨はさらに値上がりするでしょう。外貨高になれば、輸入品の価格が上昇してインフレになります。

第三に、政府と日銀の協力がうまくいかないリスクです。景気が回復してインフレが心配になったときに、金融を緩和したまま増税で景気を冷やすことが望ましいのですが、日銀が金融を引き締めて景気抑制を図るようだと問題が生じかねません。金利が上がると、日本政府が負っている莫大な借金の利払いが膨らむからです。そうなると、日本政府の破産を予想する市場参加者が増えて、上記のシナリオが実現してしまうかもしれません。

第四のリスクとしては、「民主主義のコスト」が考えられます。国債が暴落して新しい国債が発行できなくなると、政府が大増税をすると思いますが、政治が混乱していたりすると、たとえば、野党が増税法案を人質にとって無理難題を要求してくる事態に陥って大増税が難しいというリスクも皆無ではないでしょう。そうなれば日銀が紙幣を印刷して財政支出を賄わざるを得なくなるかもしれません。その場合、世の中に紙幣が大量に出回ってインフレになるでしょう。

こうしたことを考えると、**現預金を持っていることは結構リスクが高い**と言えるでしょう。不動産投資もリスクです。多くの自治体で若者の数が激減すると予想されています。若者が減ることは、新たに不動産を購入する需要が減ることですから、**よほど大都会の中心部でもないかぎり、不動産は大幅に値下がりするリスクが大きいと考えておいたほうが無難でしょう。**

インフレのリスクが比較的大きい一方で、日本政府が破産する可能性はありません。日本政府の借金は円建てなので、最後は日銀が紙幣を印刷して返済すればいいからです。もちろん、その前には大増税がなされるでしょう。

しかし、その前に国債が暴落し、外貨が高騰した段階で日本政府が持っている莫大な外貨準備の外貨を高値で売り、売却代金で暴落した国債を買い戻せば、政府の借金の相当部分が消えてしまいます。日本政府が破産するという噂を人々が信じれば、日本に資産を持っている外国人投資家が円を外貨に換えて資産を本国に持ち帰ろうとするので、外貨が高騰するのです。つまり、外国人投資家の損（国債が安くしか売れない。大量の日本円が少額の外貨にしか換えられない）が日本政府の得（外貨が高く売れる、国債が安く買い戻せる）になるのです。

財政が破綻しないとなれば、年金制度も破綻しないでしょう。年金制度が破綻すれば生活保護の受給者が激増し、財政には極めて大きな負担となるので、財政としては何としても年金制度は守るからです。

年金未納者が増えていると聞いて、「だから年金は破綻する」と考えている方もおられるでしょうが心配は無用です。年金は現役時代に納付しないと老後の年金が受け取れない仕組みですから、納付しない若者が増えても年金制度の破綻にはつながらないのです。

もちろん、少子高齢化の進み具合などによっては「マクロ経済スライド」が厳しくなり、若い人は「インフレがなければ払った額より受け取り額が少なくなる」可能性はあり得ますが。

なお、財政や年金についての筆者の見解は平均的な見方と比べてはるかに楽観的です。その根拠については紙幅の関係で省略しますが、興味のある方は、拙著『増補改訂　よくわかる日本経済入門』（朝日新書）をご覧いただければ幸いです。

まとめ

・今後30年でインフレになる確率は結構高いので、しっかり対策しましょう。
・財政や年金が破綻する可能性は小さいでしょう。

第7章

家族の幸せを考えた終活

老後資金の話とは少々ズレますが、関連する話として、最後に終活について記しておきます。最低、自宅は持っていたいですし、万が一のときに備えた若干の金融資産も持っておきたい（何事も起きなければ葬儀費用として相続される分）ですから、資産家でなくても相続や遺言などについては、ひと通り知っておくべきだと思います。

7章 1 相続の前に

終活というと、金銭の関係では相続が思い付きますが、それ以前に自分の判断能力が衰えて来た際にどうするかを考えましょう。

判断力の衰えた高齢者は詐欺師の格好のターゲットです。貴重な老後の資産を詐欺師に奪われては大変ですから、財産管理を信頼できる人に任せましょう。長男に財産管理を頼んだら次男が文句を言ってきたという話も聞きますから、弁護士などに「成年後見人」になってもらうことも選択肢でしょう。そこまでするのが大袈裟であれば、長男に通帳を預け、次男に銀行取引印を預けることで、自分だけでは預金が下ろせないようにすることも選択肢でしょう。

次は葬儀費用です。多くの高齢者は、葬儀費用は自分で用意したいと考えているようです。

第4章モデルケースでは、万が一の出費（あるいは年金の目減りなど）に備えて数百万円の金融資産を持っていることになっています。この部分は何ごともなければ葬儀費用として相続されるでしょう。

問題は、相続財産が相続人に分配されるまでには時間がかかるため、葬儀費用などの支払いに間に合わないことです。葬儀を長男に頼むとして、長男に預貯金がなければ困ってしまいます。そうしたリスクに目を付けて、生命保険会社が死亡保険への加入を勧めてくるかもしれませんが加入すべきではありません。生命保険会社に払い込む資金があるならば、その分を生前に長男に贈与しておけばよいのです。

たとえば、長男夫婦に222万円（各111万円）を贈与し、贈与税を各1000円納めたうえで、相続人全員に「葬儀は長男に頼むから、贈与した222万円については不満を言わないこと」と伝えればいいでしょう。長男夫婦が222万円を使ってしまわないように、別途通帳を作らせて、ときおり残高を監視するといった工夫も場合によっては必要かもしれませんね。

まとめ

- 将来判断力が衰えたときのために、あらかじめ準備しておきましょう。
- 子どもに金融資産がない場合、葬儀費用の前渡しも検討してみましょう。

7章 2 相続の法律の基本について知る

終活にはさまざまな側面がありますが、老後資金という観点からは、相続がメインとなります。そこでまず、遺言を書かないと自分の財産がどのように相続されるのかを押さえておきましょう。

これを決めているのは民法です。**亡くなった方を「被相続人」**、以下の規定により**遺産を相続する人を「法定相続人」、決まっている相続割合を「法定相続分」**と呼びます。

まず、配偶者がいる場合です。本章で配偶者とは、法律上の配偶者ですので、注意が必要です。実質的には離婚していても法律上の妻が相続し、内縁の妻は一切相続できないのです。内縁の妻に相続させたいときには遺言を書く必要があります。遺言については次項で記します。

被相続人に子も親も兄弟（姉妹を含みます。以下同様）もいない場合、配偶者がすべての遺産を相続します。子と配偶者がいる場合、配偶者が半分、子が半分を相続します。子が複数いる場合には、複数の子が半分を等分します。たとえば子が3人いる場合には、1人あたり6分の1ずつの相続となります。子がおらず、親がいる場合には、配偶者が3分の2、親が3分の1を相続します。両親ともいれば、等分します。ここで親とは自分の親のことであり、配偶者の親（義父、義母）は含みません。子も親もおらず、兄弟がいるときには、配偶者が4分の3、兄弟が4分の1を相続します。複数の兄弟がいる場合には等分します。

次に、配偶者がいない場合です。子がいれば子が全額を相続します。子が複数いれば、等分します。子がおらず、親がいる場合には親が全額相続します。子も親もおらず、兄弟がいる場合には兄弟が全額相続します。

ちなみに、子が亡くなっているが孫がいる場合は「子がいる」、親が亡くなっているが親の親がいる場合などは、「親がいる」と考えてください。

遺言がなければ、原則として法定相続分どおりに相続されますが、例外もあります。相続人全員が合意して遺産分割協議書を作成した場合です。今ひとつは、相続を放棄する相続人がいた場合です。

当然ですが、資産だけではなく負債も相続されます。本書の読者には関係ないと思いますが、資産よりも負債が多い場合にも相続は発生します。**他人の借金の保証人になっている場合には、保証人としての立場も引き継がれてしまいます。ただ、この場合は相続人が相続放棄をするこ**

とができます。当然ですが、資産だけ相続して負債の相続を放棄することはできません。

問題は、**相続の放棄が「自己のために相続の開始があったことを知ったときから3カ月以内」にしかできない**ということです。あとから借金の存在がわかっても遅いのです。したがって、多額の借金があったり、他人の借金の保証人になっている場合には、遺言書などで借金などの存在を相続人に知らせてあげましょう。

まとめ

・配偶者の法定相続分は半分以上ですが、内縁の妻の法定相続分はゼロです。
・相続人は、3カ月以内であれば相続を放棄できます。

7章 3 家族がモメないために「遺言」する

終活の手始めに、まず遺言をしましょう。遺言というと、大金持ちの話だと思われがちですが、実は大金持ちよりも庶民のほうが相続争いが熾烈になる場合も多いと言います。自分の死後、相続人が相互に争って口もきかなくなったら悲しいでしょうから、そうした事態を防ぐためには、ぜひとも遺言をしましょう。

遺産は、被相続人が遺言をしていない場合には、原則として法定相続分どおりに分配されます。しかし、争いが起きる可能性は結構あります。

たとえば長男は高卒で、次男だけ大学進学の学費を親が出した場合、長男が「次男より多くの遺産を受け取る権利がある」と言い出す可能性があります。こうした場合は長男に権利があるという規定があるのですが、学費だけなのかその間の食費も含めるのかなどの争いは充分に考えられます。

あるいは、唯一の遺産が自宅で、そこには長男夫婦が同居していて、次男は住宅ローンを借りて家を買った場合、次男は自宅を売って代金を半分ずつ分けようと主張するでしょうが、それでは長男が困るでしょう。

こうした際の**争いを減らすために、遺言は非常に効果があります。**何と言っても故人の意向ですから、誰でも遺言は尊重せざるを得ないからです。

あるいは、法定相続分とは異なる比率で相続させたい場合もあるでしょう。この場合は、遺言は必須です。たとえば法律上の妻とは、事実上の離婚状態にあり、内縁の妻と同居している場合には、「内縁の妻に遺産を遺贈する」という遺言を書いておく必要があります。ちなみに、法定相続人以外の人に遺産を遺すときは、「相続させる」ではなく「遺贈する」と書きます。

子どもの中に親不孝者がいる場合、その子には相続させたくないと思うならば、その旨を遺言に書く必要があるでしょう。

ここで注意が必要なのは、自分の財産であっても、「まったく自由に遺言で相続割合を決めていい」わけではないことです。**配偶者と子と親には遺留分があります。これは法定相続分の半分までは権利を主張できるものです。**たとえば遺言で自分の取り分が法定相続分の半分を下回っていたら、半分までは自分が受け取れるように裁判で主張できるのです。つまり、これを侵害するような遺言書を書くと争いの源となりかねません。

たとえば、法律上の妻がいるにもかかわらず事実上離婚しているとして、内縁の妻に遺産を全額遺贈する遺言を書いたとします。法律上の妻や、法律上の妻との間に産まれた子は、遺留分を侵害されたとして裁判に訴えるかもしれません。そうした争いを避けるためには、内縁の妻に遺産の半分を遺贈する（残りの半分は法律上の妻などに遺留分どおりに相続させる）、という遺言をすればよいのです。もちろん、裁判にまでは訴えないだろうという読みがあれば、強行突破を図ることも可能ではありますが。

争いを避けることとは別に、「葬儀は長男に頼みたい。ついては葬儀費用相当額として長男に300万円相続させ、残りを法定相続分どおりに相続させる」といった遺言も、葬儀を頼む相手への心遣いとして検討しましょう。

遺言書の形式としては、自筆証書遺言が最も手軽です。全文を自筆で書いて、署名押印すればでき上がりです。文例は図08（214ページ参照）にありますので、まずは書いてみましょう。

公正証書遺言という形式もあります。公証人役場へ行き、若干の手数料を支払って遺言書を作成してもらうのですが、原本を公証人役場が保管してくれるなど、自筆証書遺言より安心ですので、こちらも検討してみましょう。

遺言は、いつでも取消、訂正できます。取消、訂正する代わりに、新しい遺言を書けば、そちらが有効になります。訂正は、厳密な方法が決められていて、誤ると遺言全体が無効となり

図08 自筆証書遺言の例

遺言書

第１条　遺言者は、所有する下記の不動産を、妻塚崎○子（昭和○年○月○日生）に相続させる。

記

（１）所在　福岡県久留米市○○町
地番　○番○
地目　宅地
地積　○平方メートル

（２）所在　福岡県久留米市○○町○番地○
家屋番号　○番の○
種類　居宅
構造　木造瓦葺弐階建
床面積
壱階　○平方メートル
弐階　○平方メートル

第２条　遺言者は、第１条に記載したもの以外のいっさいの財産を、長男塚崎△男（平成○年○月○日生）、長女塚崎△子（平成○年○月○日生）の２名に、それぞれ２分の１の割合で相続させる。

平成 27 年 9 月 30 日

住所　福岡県久留米市○○町○番地○
遺言者　　塚崎○男　印

かねませんので、面倒でも訂正ではなく新しい遺言を作成することをお勧めします。

いつでも書き直せるので、とにかく気楽に書いてみましょう。遺言がないと、さまざまな争いが生じかねませんが、遺言があれば、（遺留分が侵害されていないかぎり）、多くの場合、故人の意向は尊重されるでしょうし、争いも限定的なもので収まるでしょう。

遺言書そのものに財産目録を掲載し、個々の財産を誰に相続させるのかを記す場合もありますが、図08のように、「その他いっさいの財産を……」と記す場合もあります。その場合には、財産目録を作っておきましょう。たとえば生命保険に加入していても、遺族がそのことを知らなければ保険金の請求ができないからです。ヘソクリも生きている間は見つからないように隠しておきますが、相続人が発見できないようでは困りますので、これもリストには載せておきましょう（この場合には、リストは厳封のうえ、場所を家族に教えておく必要があります）。

まとめ

・遺言は相続人の争いを避けるために大変有益なので、必ず書きましょう。
・遺言は日付が新しいものが有効なので、気が変わったら書き直しましょう。

7章

4 「相続税」はそれほど怖くない

2015年1月に相続税が増税になったことを契機として、相続税を気にする人が増えました。都内に一軒家を持っている普通の庶民も相続税の対象になりかねないからです。ただし、**遺産総額が1億円程度であれば、相続税は大した金額になりませんから、深刻に考える必要はありません。**なお、遺産総額が3600万円を下回る方は、以下をお読みいただく必要はありませんので、「おわりに」に進んでいただければ幸いです。

では、実際に相続税はどれくらい課されるのでしょうか？　数値例で見てみましょう。相続財産の相続税評価額は2億円だとします。評価額は、現金などの場合はそのまま計算されますが、不動産などの場合は時価より安い評価になる場合が多いといわれています。

相続税の計算は、まずはじめに「法定相続分通りに各人が相続した場合の相続税総額」を求めます。そのうえで、総額を実際の各人の相続割合に応じて割り振ることになるので、若干複

図09 相続税の速算表

法定相続分に応ずる取得金額	税率	控除額
1,000万円以下	10%	―
3,000万円以下	15%	50万円
5,000万円以下	20%	200万円
1億円以下	30%	700万円
2億円以下	40%	1,700万円
3億円以下	45%	2,700万円
6億円以下	50%	4,200万円
6億円超	55%	7,200万円

雑です。相続税総額の計算に際しては、図09の税率が用いられます。

はじめに、相続人が配偶者と長男と次男の3人で、法定相続分どおりに相続した場合について計算してみましょう。まず、基礎控除額は、3000万円プラス相続人1人当たり600万円ですから、合計4800万円になります。これを2億円から差し引いた1億5200万円を法定相続分で分けると配偶者が7600万円、子どもたちが各3800万円となります。

配偶者は、7600万円に税率30%を掛け合わせて、控除額の700万円を差し引いて、税額は1580万円になります。長男と次男は、3800万円に税率の20%を掛け合わせて、控除額の200万円を差し引いて、税額は各560万円となります。3人分の税額の合計は2700万円です。これを法定相続分どおりに割り振ると、配偶者が1350万円、子どもたちが各675万円となります。本来であれば、これが各自の相続税額となるのですが、配偶者には特別な控除があり、法定相続分までの相続に対しては相続税が課されないのです。したがって、子どもたちが各675万円納税して終わりです。2億円の相続に対して税額は1350万円ですから、驚くほどの金額ではありません。

次に、配偶者がおらず、相続人が長男と次男の2人だけの場合について計算してみましょう。法定相続人が1人少ないので、基礎控除額が4200万円になります。基礎控除後の各人の法定相続分は各7900万円で、これに税率30%を掛け合わせて、控除額700万円を差し引いて、税額は各1670万円になります。2人合計で3340万円ですから、先刻の2倍以上となります。

父が資産家で母に財産がない場合、父が先に亡くなると税額は1350万円になります。次いで母が亡くなると、同様に税額を計算して770万円となりますから、2回の相続税の合計は2120万円となります。一方、母が先に亡くなると、その時点では相続税は発生せず、次いで父が亡くなったときに税が3340万円発生します。2人が相次いで亡くなった場合、順番によって税額が大きく異なることがわかります。

このように、よほどの大金持ちでないかぎり、税額はそれほど驚くほどのものではありません（遺産総額の2割以下）ので、過度な心配は不要です。ただ、無理をせずに節税できるのであれば、ぜひとも試みたいものです。

最も簡単なのは、生前贈与です。まず、子どもたちの通常の生活費を負担してあげましょう。子どもや孫たちの生活費、教育費、結婚費用、出産費用などを負担してあげても、常識の範囲内であれば、贈与税の対象にはならないのです。それ以外にも、毎年110万円までの贈与は非課税ですので、配偶者と子ども2人に各110万円の贈与をしましょう。10年間で相続財産を3300万円減らすことができます。孫にも贈与すれば、さらに大幅に減らすことができます。

このとき、気を付けたいのが税務署による否認です。10年間、同じ時期に同じ金額の贈与をし続けると、「最初の年に1100万円を贈与する契約をしたのだろう」と言われて1100万円に対する贈与税を課される可能性があります。したがって、毎年少しずつ贈与の金額を増減させたり時期を変えたりする必要があります。さらに確実なのは、毎年111万円ずつ贈与をして、贈与税を申告して1000円支払うのです。申告書の控えに税務署の印を押してもらえば、あとから「贈与ではなかった」と言われる可能性が激減するでしょう。

このほか、子どもや孫の教育資金を1500万円まで贈与しても無税である、といった制度もあります。信託銀行に子ども名義の口座を作って1500万円を振り込むと、教育費用がそこから引き落とされていく仕組みです。子どもが住宅を購入する際に1000万円（2015年の場合）まで贈与しても非課税といった制度もありますから、子どもが住宅を購入する際には検討しましょう。

20年以上連れ添った配偶者に自宅の一部（2000万円相当まで）を贈与しても非課税になる制度もあります。それ以外にも、税金のことはいろいろと複雑ですし、しばしば変更になりますから、ファイナンシャル・プランナーか税理士に相談することも選択肢のひとつでしょう。

上記の対策をすれば、よほどの金持ちでなければ相続税はかなり軽減できるでしょう。それをさらに減らすために自宅の庭にマンションを建てたり、生命保険に加入する人がいるようですが、お勧めできません。

自宅の庭にマンションを建てると、空き家になるリスクがあること、資産に占める不動産の比率が高くなって分散投資が難しいこと、その一方で建物が古くなって価値が下がることなどを考慮すると利益率はそれほど高くないこと、などを総合的に判断した結果です。

生命保険は、第3章に記したように、期待値が大幅なマイナスですから、よほど相続税率の高いセレブは別として、**一般庶民は「保険会社のコストと利益を負担しても、保険に加入して相続税を節税するほうが得になる」ケースは少ない**はずです。

なお、子どもに財産を贈与してしまうと、子どもが親に冷たくなるという話を耳にします。

薄情な子どもたちもいるものです。そうした目に遭わないためには、ある程度の財産は最後まで自分で持っておきましょう。少なくとも自宅が自分の名義になっていれば、「自分に冷たくした子には自宅を相続させない」という暗黙の圧力をかけることができるでしょうから、安心でしょう。

まとめ

・相続税は、よほどの金持ちでないかぎり、それほどの金額にはなりません。
・庶民にとっては、相続税対策の基本は生前贈与です。

おわりに

老後の生活資金の話、いかがでしたでしょうか？　世の中には不安を煽って商売に結び付けようと考えている人々が大勢いますので、不安から本書を手に取っていただき、読み終わって少し安心していただいた方も多いのではないでしょうか。

本書は入門書であり、限られた紙幅で幅広い事柄をカバーしてありますので、本書で全体像をつかんでいただいたあとは、興味を持った部分を各自で勉強していただければ幸いです。

その際、くれぐれも不安を煽る人々に惑わされて不必要な不安に怯えることがないように、気を付けてください。「巨大隕石が頭上に落ちてきたらどうしよう」などと考えながら老後を過ごしても楽しくありません。対策すべきことは対策をし、あとは幸運を祈りながら楽しい老後を過ごしましょう。

本書は資金に関するものですので、本文中には記しませんでしたが、「エンディング・ノート」も忘れないように用意しましょう。延命治療を望むのか否かといったことは、元気なうちに明確に意思表示をしておくべきでしょう。

筆者も、まだ早いと思いながら用意しました。皆様も、本書をお読みいただいたのを契機として、ぜひ。

【著者紹介】
塚崎公義（つかさき　きみよし）
久留米大学商学部教授。東京都生まれ。1981年、東京大学法学部卒業。同年、日本興業銀行（現みずほ銀行）入行。主に調査関連部署に勤務した後、2005年に銀行を退職して久留米大学へ。著書に『初心者のためのやさしい経済学』（東洋経済新報社）、『増補改訂　よくわかる日本経済入門』（朝日新聞出版）、『世界でいちばんやさしくて役立つ経済の教科書』（宝島社）など多数。趣味はフェイスブック。

老後破産しないためのお金の教科書
年金・資産運用・相続の基礎知識

2015年11月19日発行

著　者――塚崎公義
発行者――山縣裕一郎
発行所――東洋経済新報社
〒103-8345　東京都中央区日本橋本石町1-2-1
電話＝東洋経済コールセンター　03(5605)7021
http://toyokeizai.net/

装　丁…………漆崎勝也
DTP…………バウンド
印刷・製本……丸井工文社
編集担当………岡田光司
　Printed in Japan　ISBN 978-4-492-04587-9